Karlsruhe

11 Rimbaud

2 Ganzhorn

10 Goethe

1 Hesse

3 Hauff

4 Brecht

Straßburg

12 Chamisso

Offenburg 5 Grimmelshausen

13 Büchner

6 Hansjakob

14 Chevallier

7 Strittmatter

Freiburg

15 Egen

8 Kaschnitz

9 Hochhuth

Inhaltsverzeichnis

Nach der Mittagspause im „Vogt auf Mühlstein".

Gerhard Jelinek

Wege zur Literatur

15 Wanderungen in Geschichten der Literatur
zwischen Schwarzwald und Vogesen

verlag regionalkultur

Vorwort

Wege zur Literatur – eine literarische Fußreise rechts und links des Rheins mit Geschichten aus fünf Jahrhunderten. Ein schönes Stück Literatur mit einem schönen Weg verbunden, der mitten durch den Text geht.

In den folgenden fünfzehn Kapiteln wird gezeigt, dass die Schönheit von Literatur in der Begegnung mit Schauplätzen literarischer Handlungen in unserer Landschaftsrealität neu und intensiv entdeckt werden kann.

Unsere literarischen Wanderungen beginnen im Norden des Schwarzwalds in Calw auf den Spuren des jungen Hermann Hesse und seiner Gerbersauer Erzählungen. Sie enden am Südzipfel unseres Schwarzwalds in Brombach unweit von Basel bei der Begegnung mit Rolf Hochhuths umstrittenen Roman „Eine Liebe in Deutschland". Dazwischen liegen Wanderungen und Ortsspaziergänge mit Texten von Bertolt Brecht, dem Märchenerzähler Wilhelm Hauff, dem ersten deutschen Romanschriftsteller Grimmelshausen und Marie-Luise Kaschnitz in Bollschweil bei Freiburg. Im Westen, also in den Vogesen, ge-

hen wir auf Wegen rund um Waldersbach im Breuschtal, die Georg Büchners „Lenz" in seiner gleichnamigen Erzählung genommen hat, während der junge Student Johann Wolfgang von Goethe und die noch jüngere Friederike Brion uns in Sessenheim nördlich von Straßburg begegnen. Im Osten unserer Wanderregion wollen wir Thomas Strittmatters „Viehjud Levi" nachspüren auf Wegen rund um St. Georgen im Schwarzwald.

Im Ganzen fünfzehn Wanderungen, die in schöner Natur dem Literaturfreund neue Zugänge zu literarischen Texten aufzeigen und Lust machen, sich dem Original des Autors bzw. der Autorin einmal wieder zu nähern. Vielleicht auch ein Versuch, „gehobene" Literatur dem interessierten Zeitgenossen näherzubringen, indem die Geschichten guter Literatur in unserer Landschaft verankert werden. Verbunden mit dem Gedanken, bei einem Ausflug unsere Heimat unter einem etwas anderen Blickwinkel neu kennenzulernen. Viel Freude beim Gehen und beim Lesen.

Gerhard Jelinek
Oberkirch, im April 2023

Ferme Auberge unterhalb des Petit Ballon.

Hermann Hesse – Gerbersauer Erzählungen

Von Calw nach Bad Teinach

Von Calw nach Bad Teinach

Hermann Hesse und Calw – eine Liebesgeschichte? Sicher eine eher kompkizierte Liebesgeschichte. Wir nähern uns dieser Beziehung auf den Spuren zweier sogenannter Gerbersauer Erzählungen, in denen der spätere Literatur-Nobelpreisträger, und heute als „Calws großer Sohn" gewürdigt, die Bewohner seiner Geburtsstadt als Rahmen von zwei Liebesgeschichten reichlich kritisch darstellt. Dabei sehen wir uns zunächst ein wenig in der Stadt unten am Fluss um, bevor wir nach oben steigen und auf einem schönen Wanderweg Richtung Zavelstein unterwegs sind.

Hermann Hesse

Hermann Karl Hesse wurde am 2. Juli 1877 in Calw als Sohn eines Missionars und einer Lehrerin geboren. Entscheidend für seinen weiteren Lebensweg war wohl sein Aufenthalt in Maulbronn im Rahmen eines evangelisch-theologischen Seminars, das dem damals noch 14-jährigen Rebellen in hohem Maße missfiel. Das Dichten wurde später zu seiner größten Leidenschaft und versprach ihm beträchtlichen Erfolg. Als seine bekanntesten Werke gelten vor allem *Unterm Rad*, *Siddhartha*, *Narziß und Goldmund* wie auch *Der Steppenwolf*. Im Jahre 1946 erhielt Hesse schließlich den Nobelpreis für sein Lebenswerk und ein Jahr später wurde er zudem zum Ehrenbürger seines Geburtsortes Calw ernannt. Am 9. August 1962 starb er in Montagnola in der Schweiz im Alter von 85 Jahren.

Hermann Hesse

Hermann Hesses Erzählung „Die Verlobung" aus der Sammlung „Kleine Welt" (aus den Erzählungen „Nachbarn" von 1908)

Hermann Hesse hat seiner Heimatstadt Calw manch literarisches Denkmal gesetzt: Unter dem Titel *Gerbersau* hat er schon früh die Erzählungen zusammengestellt – insgesamt über ein Dutzend –, in denen er deren Menschen nachempfindet und porträtiert. In Gerbersau wird geboren, geliebt, geheiratet und gestorben, wie überall sonst auch.

In der Erzählung *Die Verlobung* hat sich Hesse den stillen Kaufmann Andreas Ohngelt herausgepickt. Er hat ein bescheidenes Stoffwarengeschäft in der Hirschengasse geerbt und zu der Zeit, in der die Geschichte beginnt, ist er gut und gerne 70 Jahre alt und zählt zu den ehrwürdigen Bürgern der Stadt. Schon als Kind fällt dieser zu klein geratene Calwer dadurch auf, dass er kaum spricht, andere Menschen eher meidet und ihnen mit Zurückhaltung, Respekt, ja fast mit Angst begegnet. Deshalb ist es auch nicht verwunderlich, dass er dem schönen Geschlecht andächtige Bewunderung entgegenbringt, ohne von diesen Angebeteten richtig wahrgenommen zu werden. Ja, er wird mit seinem linkischen Verhalten und hilflosem Sprechvermögen zu einer mehr oder weniger komischen Figur. Er ist in fast alle jungen Frauen verliebt, die seine fachlichen Dienste in Anspruch nehmen. Nur nicht in Paula Kircher, ein paar Jahre älter als er, deren freundliche und bescheidene Art sein Vertrauen erweckt.

Bronzeskulptur von Hermann Hesse auf der Nikolausbrücke in Calw.

Als er mit 30 Jahren immer noch nicht verheiratet ist, ergreifen Mutter und Tante die Initiative und melden ihn auf seinen Wunsch im Kirchengesangverein an. Der tiefere Grund für diesen Wunsch ist die hübsche Margret Dierlamm, Tochter seines früheren Lehrherrn. Doch auch in diesem Kreis wird Andreas Ohngelt sehr schnell zur komischen, ja lächerlichen Figur. Bei seinem ersten Auftritt mit dem Kirchenchor wird ihm ein kleines Holzkistchen unter die Füße gestellt, damit er im Kreis der anderen Sänger überhaupt zu sehen ist. Allein Paula Kircher weist ihn darauf hin, dass er sich immer mehr zum Gespött der anderen macht. Beim festlichen Vereinsausflug, zu dem der mutlose junge Mann seine Mutter mitbringt, kommt es dann zur Entscheidung. Nachdem er wieder einmal Opfer eines schlechten Scherzes geworden ist und auch die Kaffeepause neben seiner großen Liebe Margret Dierlamm ungenutzt vorübergeht, entschließt sich Andreas, sich von den anderen zu entfernen; allein überlässt er sich den Tränen. Nur Paula Kircher ist ihm gefolgt, und nachdem er ihr gesteht, er würde wie jeder andere Mensch auch gerne zu zweit durchs Leben gehen, gelingt es durch ihre weibliche Intuition, dass Mann und Frau sich umarmen. Und da ist der kleine Ohngelt verlobt. So beschließt Hermann Hesse seine kurze Geschichte, die früher jedem Gerbersauer geläufig gewesen sei, wenn sie auch jetzt niemand mehr erzählen und hören wolle.

Hermann Hesse an seinem Calwer Lieblingsplatz – die Nikolausbrücke.

Hesses Erzählung „Die Heimkehr" (aus der Sammlung „Kleine Welt")

Ob die ehemalige Nachbarin um jeden Preis in diesem Nest bleiben wolle, heißt es am Schluss der Erzählung *Die Heimkehr*, in der die Gerbersauer Bevölkerung schonungslos entlarvt wird. Und manchmal haben wir als informierter Leser den Eindruck, dass der Autor Hermann Hesse hier seine zwischenzeitlichen Erfahrungen mit der Heimatstadt Calw niedergeschrieben hat. Der erfolgreiche Geschäftsmann August Schlotterbeck hat als junger Mann seine Heimatstadt verlassen und ist in der Fremde, weit weg von zu Hause, zu Reichtum und Ansehen gelangt. Als er schließlich in Russland seine Frau verliert, verkauft der Fabrikant seine Firma und kehrt nach Jahrzehnten nach Gerbersau zurück. Durchaus mit der Absicht, sich auf seine alten Tage hier niederzulassen. Nach einigen Wochen zieht er in ein Haus am Waldrand hoch oben über der Stadt und wird so Nachbar einer einsam lebenden Gerichtsvollzieherwitwe. Von der unbeliebten Witwe wird im Städtchen unten nur abfällig geredet, jedoch wird August Schlotterbeck selbst vom Stadtoberhaupt empfohlen, sich nicht in die Angelegenheiten der Gerbersauer zu mischen. Da der Heimkehrer sich auf sein eigenes Urteil verlässt, lernt er in seiner Nachbarin eine liebenswerte und hilfsbereite Person kennen, was ihn dazu führt, ihr nach einiger Zeit einen Heiratsantrag zu machen. Als dieser zunächst abgelehnt wird, verreist August Schlotterbeck für einige Wochen nach Freudenstadt und kehrt erst zurück, als er vom ungerechten Schicksal seiner Nachbarin erfährt. Am Ende der Erzählung, nach seiner Wiederkehr, wie der Titel auch heißen könnte, erlebt der Leser einen zweiten Antrag, den die Witwe sprachlos begrüßt. Und so schließt die Geschichte mit einem Happy End und dem Vorschlag der Hauptfigur, diesen ungastlichen Ort bald zu verlassen.

Wanderung von Calw nach Bad Teinach

Charakter/Länge/Gehzeit
In der Stadt Calw geht es zunächst steil nach oben, bis wir das Nagoldtal verlassen haben. Danach bleiben wir bis Zavelstein meist auf schönen Waldwegen, im letzten Teil geht es steiler hinab bis Bad Teinach. Im Aufstieg 260 m und im Abstieg 215 m bei ca. 3,5 Stunden Wanderzeit. Insgesamt eine wenig anstrengende Wanderung.

Markierung
Schwarz-rote Raute des Schwarzwald-Ostwegs.

Einkehrmöglichkeiten
In Zavelstein führt unser Wanderweg direkt am Wellnesshotel Berlins Krone-Lamm vorbei, einer der besten Adressen in diesem Teil des Schwarzwalds. Auch in Calw und Bad Teinach gibt es einige Einkehr- und Übernachtungsmöglichkeiten.

Anfahrt
Calw ist mit der Bahn über Pforzheim erreichbar. Bad Teinach wird mit einem Bus vom Bahnhof aus angefahren. Mit dem Pkw wird man wohl das Parkhaus Calwer Markt ansteuern, von wo aus die Wanderung direkt losgehen kann.

Wandersaison
Ganzjährig begehbar.

Unser Weg

Wenn wir mit dem Zug die letzte Strecke in langen Windungen ins Tal fahren, sind wir schon mitten in der Erzählung *Die Heimkehr* angekommen, in der August Schlotterbeck nach einem Leben in der Fremde nach Calw heimkehrt. Über die auch heute stark veränderte **Bahnhof- bzw. Bischofstraße** überqueren wir die Nagold auf der **Nikolausbrücke**, wo wir zum ersten Mal Hermann Hesse selbst begegnen, der als alter Heimkehrer, den Hut in der Hand und den Kopf in Richtung alte Stadt gewandt, das Städtchen seiner Kindheit betrachtet. Neben ihm die Nikolauskapelle, dem Schutzheiligen der Flößer gewidmet, mit dem Flößer und dem Tuchmacher in den Nischen als Repräsentanten der früher wichtigsten Gewerbe der Stadt. Vor ihm der Hermann-Hesse-Platz, wo über dem Tafelladen und seinen davor wartenden Menschen ein Hesse-Zitat prangt, das vom *Nachglanz jenes fabelhaften, reichen, leidenschaftlichen Lebens* erzählt, die Hesse mit seiner *Knabenzeit* verbindet. Wir lassen die **Badstraße** mit der letzten ehemaligen Gerberei links liegen und folgen dem Helden August Schlotterbeck auf seinem

Weg durch die *Gerbersauer* Erzählung und sein Städtchen. Nach wenigen Metern erreichen wir den mit seinen herausgeputzten Fachwerkhäusern auch heute noch attraktiven **Marktplatz**. An Hermann Hesses Geburtshaus vorbei, gegenüber dem hoch und breit aufragenden weißen Rathaus, schlendern wir in der Fußgängerzone auf das Hesse-Museum zu, das leider nach längerer Sa-

Marktplatz in Calw.

nierung erst im Laufe des Jahres 2023 wieder seine Tore öffnen wird. Und wenn wir die nicht zu übersehende **evangelische Stadtkirche** betreten, sind wir nicht nur auf den Spuren des Knaben Hermann Hesse unterwegs, sondern auch in der Gerbersauer Ezählung *Die Verlobung*. Nachdem Andreas Ohngelt in den Kirchengesangverein eingetreten ist, wird er auf der Orgeltribüne beim Karfreitagsgottesdienst in der Kirche auf einem Schemel platziert, damit er wegen seiner geringen Körpergröße im Kreis der Sangeskollegen nicht ganz untergehe. Dies markiert den Beginn seiner mehrtägigen Leidenszeit, die beim Kirchenvereinsausflug am Ostermontag ihren Höhepunkt erreichen soll.

Wir wenden unsere Schritte nun in Richtung Stadtgarten, über die Gasse Im Zwinger bis zum sogenannten **Georgenäum**, heute Sitz der Aurelius Sängerknaben. Durch die weit geöffneten Fensterflügel bekommen wir eine Probe einer schon geschulteren Tenorstimme zu Gehör; gerne verweilen wir einen langen Augenblick. Wenn wir einem der Wege nach oben folgen, bleiben wir immer wieder stehen, wenn wir die hier präsentierten Gedichte Hermann Hesses in Ruhe lesen wollen. *Beim Wiedersehen einer Kindheitsstätte*, *Jugendflucht*, *Die Kindheit*, *Jugendgarten*, *Einst vor tausend Jahren*, *Julikinder*, *Spruch*, *Frühling*, *Glück*, *Der Schmetterling*, *Manchmal*, *Voll Blüten*, *Blauer Schmetterling*, *Blätter wehen vom Baume* und *Die Weißen Wolken* begleiten unseren Weg.

Ein sehr schöner grüner Garten, wie ein verlorenes Paradies der Kindheit. Eine Einladung zum Träumen und Nachdenken, wie dies Hesse in einigen seiner frühen Gedichte tut. Wir haben jetzt die Schillerstraße erreicht, die den Abschluss der lockeren Bebauung auf dieser Talseite bildet. Hier oben muss auch unser Heimkehrer August Schlotterbeck für einige Zeit gewohnt haben, die junge Witwe des Gerichtsvollziehers neben ihm. Vom Garten der Nachbarin angezogen, und später von ihr selbst, wird dem weltläufigen Helden der Geschichte bewusst, wie verlogen und böswillig viele Gerbersauer auf ihn und auf seine Nachbarin reagieren, wenn ihm sogar der Stadtschultheiß empfiehlt, sich nicht in die Angelegenheiten anderer Leute zu mischen. Und Schlotterbeck erkennt auch, dass seine Nachbarin das einzige ist, was ihn noch in Gerbersau halten könnte.

Zurück zu unserer Wanderung auf den Spuren der Erzählung von der *Verlobung*. Hier oben, am Rand des Städtchens zum Wald hin, trifft sich am Ostermontag der Gesangverein einschließlich Verwandten zu seinem festlichen Vereinsausflug. Wir brauchen noch einige Höhenmeter, bis wir in den nahen Wald und auf die Buntsandsteinfläche der Hochebene westlich des Nagoldtals gelangen. Die nächsten zwei Stunden werden wir diesen Wald durchqueren und erst danach, schon im Anblick des Städtchens Zavelstein mit seiner Burgruine, freies Wiesen- und Feldgelände betreten. Dabei folgen wir, mit **schwarz-roter Raute** markiert, einem Abschnitt des **Schwarzwald-Ostwegs**. Unsere Kirchenvereinsgesellschaft damals hat sich inzwischen in mehrere Gruppen aufgeteilt, wobei der kleine Andreas Ohngelt mit den Jüngsten und Lustigsten, wie es Hesse formuliert, vorauseilt, vor allem deshalb, weil die von ihm angebetete Margret Dierlamm dort anzutreffen ist. Unsererseits erreichen wir jetzt in kurzer Zeit den roten Buntsandsteinfelsen des **Gimpelstein**, der einen vorläufig letzten Blick auf die inzwischen tief unter uns gelegene Altstadt von Calw erlaubt. Der lichte Mischwald empfängt uns mit zahlreichen Vogelstimmen, die wohl auf muntere Zwiegespräche unter den verschiedenen Vogelstimmen verweisen. Ein vielstimmiger leicht dissonanter Chor begleitet uns. Schon nach weiteren fünfhundert Metern liegt das kreisrunde Schafott vor uns, die ehemalige Richtstätte der Stadt Calw. Auf einem Schild lesen wir detailreich von der letzten Hinrichtung der Raubmörderin Gertrude Pfeiflin aus Teinach, die hier im August 1818 vor den Au-

Wanderweg im Wald.

gen einer größeren Menge Neugieri-
ger dem Richtschwert zum Opfer fiel.
Schnell weiter. Eine halbe Stunde später, wo zwei Wege auseinanderlaufen,
wartet ein ausgewachsenes dunkles
Wildschwein vor einem größeren Frei-
gehege auf uns. Ein Wildschwein aus
Holz auf einem kurzen Baumstamm.
Auf einem zweiten Baumstumpf beobachtet uns eine große Eule, aus hel-
lem Holz. Des Rätsels Lösung erklärt
uns der Motorsägenschnitzer Dieter
Rathfelder aus Calw, der gerade seinen

Tatort erreicht. Er versucht sein Rentnerdasein durch sinnvolle und kunstreiche
Hobbyarbeiten zu verschönern. Für sich und für alle Vorübergehenden.

Zahlreiche Wege kreuzen immer wieder unseren Wanderweg, ein blauer Him-
mel begleitet uns an diesem Vormittag durch den Nordschwarzwald, und meist
kleinere Wolken schweben über den Baumwipfeln dahin. Das Gedicht von den
Weiße(n) Wolken aus dem Calwer Stadtgarten scheint uns Wanderer zu begleiten.
Nach einer kleinen Weile kommen wir erstmals an einen Waldrand, die offe-
ne Landschaft liegt vor uns mit Wiesen und Feldern und einzelnen Häusern.
Aber wir sind etwas vom Weg abgekommen, werden von einem freundlichen
Herrn auf eine grüne Abkürzung verwiesen, die hinunter zum Zavelsteiner Brü-
ckle führt und auf der anderen Talseite hinauf und hinaus auf die Zavelsteiner
Krokuswiesen, die seit Generationen im frühen Frühjahr von Calwer Familien

Wiesen und Wolken vor Zavelsteiner Brückle.

als beliebtes Wanderziel bekannt sind. Unserem Andreas Ohngelt geht es auf dieser Wanderung nicht so gut wie uns, denn ihm reicht man keine helfenden Hände, wenn ihn einer seiner Sangeskollegen, ein Apothekergehilfe, auf einen Eichenast hochhievt, wo er unter dem Spott der anderen eine klägliche Gesangsprobe zu bestehen hat. Er fällt vom Baum und ist entschlossen, sofort nach Hause umzukehren, als ihn seine Mutter zum Weitergehen zwingt. An der Spinnerin Kreuz vorbei erreichen wir, den Turm der Burgruine Zavelstein meist im Blick, den neu bebauten Ortsrand des Städtchens. Das eigentliche „Städtle Zavelstein" auf einem Bergsporn mit Burg gelegen und über lange Zeit als kleinstes Städtchen Deutschlands über die schwäbischen Grenzen hinaus ein Begriff, ist auch heute ein kleines Schmuckstück. Ein Wellness- mit Gourmethotel, eine alte Schmiede, ein Stück Stadtmauer, die evangelische Kirche mit Pfarramt, wenige Fachwerkhäuser, und dann stehen wir vor der **Burgruine**. Unsere Kirchenchorgesellschaft hat inzwischen auch ein Wirtshaus nahe der Burgruine erreicht, und während die jungen Leute in fröhlicher Runde spielen, strebt Andreas Ohngelt unglücklich und trostlos dem nahen Wald zu, wo er sich auf einem Baumstrunk nieder- und den Tränen überlässt. Trost spendend und geschickt agierend gelingt es der ihm nacheilenden Paula Kircher, den kleinen Mann zu umarmen. Und da ist die Verlobung perfekt. Auch die andere Erzählung Hesses

Burgruine Zavelstein.

Ausblick von der Burgruine Zavelstein.

endet mit einem Happy End, wenn auch nicht in Zavelstein und auch nicht in Calw, denn August Schlotterbecks schließlich erfolgreiches Werben um seine Nachbarin endet nach einem sanften Kuss mit dem Vorschlag, dieses elende Nest schleunigst zu verlassen.

Nachdem wir den Burgturm bestiegen und die herrliche Rundsicht genossen haben, wandern wir über den sandigen Zickzackweg hinunter nach **Bad Teinach** und könnten dort vielleicht nach einem Spaziergang im Kurpark den Nachmittag zur Erholung „an der Quelle zum Glück" in der Mineraltherme verbringen. Der Linienbus wird uns dann später nach **Calw** zurückbringen.

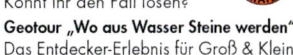

Ludwig Ganzhorn – Im schönsten Wiesengrunde

Von Neuenbürg nach Feldrennach auf den Spuren des Volksliedes

Ludwig Ganzhorn – Im schönsten Wiesengrunde

Von Neuenbürg nach Feldrennach auf den Spuren des Volksliedes

Es beginnt mit einer Liebesgeschichte und es endet als Liebesgeschichte. Die Geschichte um eines der beliebtesten deutschen Volkslieder beginnt in Neuenbürg an der Enz und endet mit einer Hochzeit in der kleinen Dorfkirche St. Stephan in Feldrennach im heutigen Straubenhardt. Deshalb führt auch unser Wanderweg auf dem Wilhelm-Ganzhorn-Wanderweg von Neuenbürg nach Feldrennach. Der schwäbische Jurist und Gelegenheitsdichter Wilhelm Ganzhorn erobert das Herz der rund zwanzig Jahre jüngeren Gastwirtstochter Luise Alber aus dem nahen Conweiler und schreibt für sie ein Gedicht mit dem Titel *Das stille Tal*, das heute als *Im schönsten Wiesengrunde* zu den bekanntesten Volksliedern deutscher Sprache zählt.

Wilhelm Ganzhorn

Wilhelm Ganzhorn

Wilhelm Ganzhorn wurde am 14. Januar 1818 im württembergischen Böblingen geboren. Nach dem Studium der Rechtswissenschaften in Tübingen und Heidelberg trat er in den Justizdienst ein und wurde im Jahr 1844 Amtsrichter am Oberamtsgericht des kleinen Schwarzwaldstädtchens Neuenbürg an der Enz unweit Pforzheim. Einige Jahre später heiratete er die fast 20 Jahre jüngere Wirtstochter Luise Alber aus Conweiler, eine Fußwanderung von Neuenbürg entfernt. Nach beruflichen Stationen in Aalen und Neckarsulm wurde er nach Cannstatt versetzt, wo er 1880 verstarb. Neben politischen Aktivitäten im Vormärz 1848 wurde er bekannt durch sein Gedicht *Das stille Tal*, das er für seine junge Frau im *schönsten Wiesengrunde* zwischen Conweiler und Feldrennach schrieb und das sich von seiner Gelegenheitsdichtung bis heute erhalten hat.

Das stille Tal oder Im schönsten Wiesengrunde
(Wilhelm Ganzhorn, 1851, aus der schwäbischen Lieder-Chronik, 1876)

1. Im schönsten Wiesengrunde
Ist meiner Heimat Haus,
Da zog ich manche Stunde
Ins Tal hinaus.
Dich mein stilles Tal
Grüß ich tausendmal!
Da zog ich manche Stunde
Ins Tal hinaus.

2. Wie Teppich reich gewoben,
Steht mir die Flur zur Schau;
O Wunderbild,
Und oben des Himmels Blau.
Dich mein stilles Tal
Grüß ich tausendmal!
O Wunderbild,
Und oben des Himmels Blau.

3. Herab von sonn'ger Halde
Ein frischer Odem zieht;
Es klingt aus nahem Walde
Der Vögel Lied.
Dich mein stilles Tal
Grüß ich tausendmal!
Es klingt aus nahem Walde
Der Vögel Lied.

4. Die Blume winkt dem Schäfer
Mit Farbenpracht und Duft;
Den Falter und den Käfer
Zu Tisch sie ruft.
Dich mein stilles Tal
Grüß ich tausendmal!
Den Falter und den Käfer
Zu Tisch sie ruft.

5. Das Bächlein will beleben
Den heimlich trauten Ort;
Da kommt's durch Wiesen eben
Und murmelt fort.
Dich mein stilles Tal
Grüß ich tausendmal!
Da kommt's durch Wiesen eben
Und murmelt fort.

6. Das blanke Fischlein munter
Schwimmt auf und ab im Tanz;
Rings strahlen tausend Wunder
Im Sonnenglanz.
Dich mein stilles Tal
Grüß ich tausendmal!
Rings strahlen tausend Wunder
Im Sonnenglanz.

7. Wie schön der Knospen Springen,
Des Tau's Kristall im Licht!
Wollt ich es alles singen -
Ich könnt es nicht!
Dich mein stilles Tal
Grüß ich tausendmal!
Wollt ich es alles singen -
Ich könnt es nicht!

8. Kommt, kommt der Tisch der Gnaden
Winkt reichlich überall;
Kommt, all' seid ihr geladen
Ins stille Tal!
Dich mein stilles Tal
Grüß ich tausendmal!
Kommt, all' seid ihr geladen
Ins stille Tal!

9. Wie froh sind da die Gäste!
Da ist nicht Leid noch Klag';
Da wird zum Friedensfeste
Ein jeder Tag!
Dich mein stilles Tal
Grüß ich tausendmal!
Da wird zum Friedensfeste
Ein jeder Tag!

10. Wie sieht das Aug so helle
Im Buche der Natur!
Der reinsten Freuden Quelle
Springt aus der Flur.
Dich mein stilles Tal
Grüß ich tausendmal!
Der reinsten Freuden Quelle
Springt aus der Flur.

11. Hier mag das Herz sich laben
Am ew'gen Festaltar;
Kommt, bringet Opfergaben
Mit Jubel dar!

Dich mein stilles Tal
Grüß ich tausendmal!
Kommt, bringet Opfergaben
Mit Jubel dar!

12. Müßt aus dem Tal ich scheiden,
Wo alles Lust und Klang,
Das wär mein herbstes Leiden,
Mein letzter Gang.
Dich, mein stilles Tal,
Grüß ich tausendmal!
Das wär mein herbstes Leiden,
Mein letzter Gang.

13. Sterb ich, in Tales Grunde
Will ich begraben sein,
Singt mir zur letzten Stunde
Beim Abendschein:
Dir, o stilles Tal,
Gruß zum letztenmal!
Singt mir zur letzten Stunde
Beim Abendschein.

J. Arnold, W. Ganzhorn, Sindelfingen 1969

Als vor einigen Jahren in der ARD die Fernsehzuschauer zur besten Abendstunde aus einer Liste von zwölf Volksliedern eine Reihenfolge erstellen sollten, wählten die Zuschauer Wilhelm Ganzhorns Lied *Im schönsten Wiesengrunde* zum beliebtesten Volkslied des Abends. Auf alle Fälle gehört es auch heute noch, wenn auch eher unter den Älteren bekannt, zu den schönsten Volksliedern in deutscher Sprache. Dabei wird die dreistrophige Fassung von Einzelnen wie von Gruppen gesungen, und es sind unterschiedliche Anlässe denkbar – Hochzeiten wie Beerdigungen, Heimatfeste oder einfach geselliges Beisammensein –, bei denen dieses Lied erklingt. Die Strophen sind so konstruiert, dass sie auf eine Liedform verweisen, da am Schluss refrainartig eine volksliedhafte Wiederholung erscheint. Es gilt als gesichert, dass Ganzhorn das alte Landsknechts- und Soldatenlied *Drei Lilien, drei Lilien* als musikalische Grundlage genommen hat.

Die Geschichte dieses Liedes vom stillen Tal ist untrennbar mit der Geschichte des damaligen Neuenbürger Amtsrichters und der sehr sehr jungen Jakobina Luise Alber verbunden, der Tochter des Rösslewirts in Conweiler bei

Neuenbürg. Im Sommer 1844 war Ludwig Ganzhorn zum Amtsrichter am Oberamtsgericht Neuenbürg ernannt worden, und in den folgenden Jahren nutzte er seine freie Zeit, um Land und Leute des Amtsbezirks kennenzulernen. Auf seinen Wanderungen war er häufig Gast im Gasthaus „Rössle" in Conweiler, wo er durch seine wort- und menschenzugewandte Art immer gern gesehen war. Oft übernachtete er im Gasthaus und nutzte am nächsten Morgen das eine oder andere Fuhrwerk, um wieder zum Amtsgericht im Nachbarort zu gelangen. Im Laufe der Jahre war er auch aufmerksam geworden auf Luise, wie sie gerufen wurde, die blutjunge Tochter des Rösslewirts. In den Abendstunden begleitete Luise ihren Gast des Öfteren am Gasthaus vorbei nach unten an den nahen Ortsrand, wo das damals noch ruhige Burg- und Wiesental mit dem Blick auf die Pfarrkirche in Feldrennach seinen Anfang nimmt. So stand dieses *Stille Tal* auch am Anfang ihrer Liebesgeschichte, und es verwundert kaum, dass Wilhelm Ganzhorn in dieser Zeit Strophe auf Strophe für die junge Luise schrieb, denen er den Titel *Das stille Tal* gab. Längst waren die beiden einander versprochen, und im Januar 1855, die Braut war noch nicht einmal 18 Jahre alt, wurde in der unten im Tal stehenden Stephanskir-

Blick auf Neuenbürg.

che geheiratet. Am Schluss des Gottesdienstes soll Wilhelm Ganzhorns Lied vom stillen Tal von der ganzen Hochzeitsgesellschaft gesungen worden sein. Schon 1852 war das Lied dreistrophig mit Melodie in einer Liedersammlung für Schulen veröffentlicht worden. In einer vollständigen Wiedergabe des Jahres 1876 erhielt es schließlich den Titel *Im schönsten Wiesengrunde*.

Und die Liebesgeschichte? Sie dauerte an und hielt ein Leben lang, wie man zu sagen pflegt. Neun Monate später wurde in Aalen, dem neuen Amtssitz des Oberamtsrichters Wilhelm Ganzhorn, eine Tochter geboren. Weitere Kinder folgten. Beide fanden auf dem Cannstatter Uffkirchhof ihre letzten Ruhestätten, Wilhelm Ganzhorn im Jahr 1880, seine Luise fast zwanzig Jahre später, im Jahr 1909.

Der Wanderweg zwischen Neuenbürg und Feldrennach

Charakter/Länge/Gehzeit

Die relativ einfache Wanderung hat eine Länge von ca. 12 km bei einem Höhenunterschied von etwa 300 m. Ein Teil der Wanderung nutzt Gehweg und asphaltierte Strecken. Es muss mit vier Stunden Wanderzeit gerechnet werden.

Markierung

Als Wilhelm-Ganzhorn-Wanderweg bezeichnet, aber nicht durchgehend leicht zu finden. Der Abschnitt zwischen Wilhelmshöhe und Schwanner Warte entspricht dem Schwarzwald-Westweg und ist mit dem roten Rhombus markiert.

Einkehrmöglichkeiten

Sowohl in Neuenbürg als auch in Schwann und Conweiler einige Möglichkeiten einzukehren.

Anfahrt

Von Karlsruhe aus ist Neuenbürg über die Autobahn A8 wie auch über das Albtal bis Marxzell und über Straubenhardt gut zu erreichen. Auch eine Bahnverbindung existiert von Pforzheim aus in Richtung Bad Wildbad. Für die Rückkehr nach Neuenbürg dient die Buslinie 717 von Ittersbach nach Pforzheim und ab Wilhelmshöhe der Bus in die Stadt Neuenbürg.

Wandersaison

Ganzjährig.

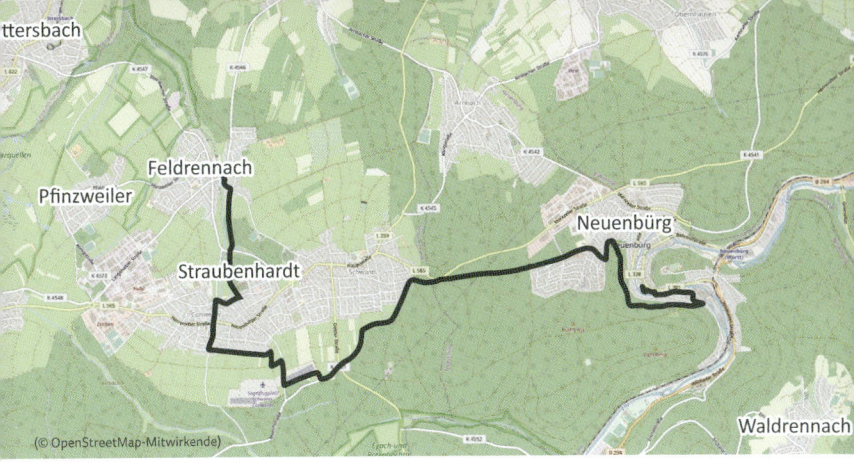

(© OpenStreetMap-Mitwirkende)

Unser Weg

Ein Wanderweg wie eine Liebesgeschichte. Zunächst geht alles glatt, dann weiß man nicht mehr weiter, findet sich aber wieder, und wenn man auf dem richtigen Weg zu sein scheint, hat man sich getäuscht. Und doch geht es weiter.

Ein wunderschöner Septemberhimmel über den Dächern des kleinen Städtchens Neuenbürg an der Enz. Der Weg beginnt dort, wo der Jurist und Gelegenheitsdichter Wilhelm Ganzhorn gut zehn Jahre als schwäbischer Amtsrichter gearbeitet hat, gegenüber dem schmucken Rathaus. Auf einem soliden Holzbrückchen überqueren wir die träge fließende Enz und begleiten das Flüsschen bis zu einer raumgreifend großen Fabrik, aber schon hier sind wir nicht sicher, wo es eigentlich weitergeht. Eine Pektinfabrik sei das hier, klärt uns ein aufmerksamer Bürger auf, ein aus Apfeltrester hergestelltes Geliermittel für die Lebensmittelindustrie. Nach einigen Versuchen landen wir auf dem Panoramaweg mit Gehrichtung Wilhelmshöhe, einem der schönsten Abschnitte des Wilhelm-Ganzhorn-Wanderwegs mit Blick auf das Enzstädtchen und das darüber thronende Schloss, von Zeit zu Zeit. In den neueren Vierteln der Stadt vor der Wilhelmshöhe suchen wir wieder eine beschilderte Fortführung des Weges, orientieren uns dann an Gymnasium und Stadthalle, wo wir auf den Schwarzwald-Westweg treffen, der uns mit seiner roten Raute ein großes Stück weiterhilft. Vorbei am Neuenbürger Buchberg, in Hörweite der L 338, durchqueren wir den lichten Mischwald

Blick nach Westen.

bis an den Ortseingang von Schwann, das zur Gemeinde Straubenhardt zählt. Hier entscheiden wir uns für den **Weg am Waldrand**, der links leicht ansteigend zur **Schwanner Warte** führt. Ein weiterer sehr schöner Abschnitt des Wanderweges liegt vor uns, da er einen umfassenden Panoramablick erlaubt, der uns in Richtung Westen bis in die Rheinebene und den Pfälzer Wald blicken lässt. Davor die nächsten Höhenorte wie Ittersbach und Spielberg, weite Wiesen, Felder und Wälder dazwischen. Inzwischen sind wir gut zwei Stunden unterwegs. An der Schwanner Warte, dem Aussichtsturm des Schwarzwaldvereins Straubenhardt, überqueren wir die **Dobler Straße** und streifen zwei Einkehrmöglichkeiten, das italienische Café Bambi und den eleganteren Adlerhof. Wir durchqueren die weite Wiesenfläche des Segelflugplatzes des Flugsportclubs Pforzheim und Straubenhardt, vor uns die Wohnhäuser von Schwann und Conweiler, bis wir auf der Höhe der protestantischen **Martinskirche** von Conweiler den bebauten Bereich betreten und gegenüber der Kirche unser **Gasthaus Rössle** an der Neuenbürger Straße ins Auge fassen. Hier treffen wir auf die beiden Hauptfiguren unserer Liebesgeschichte, den wanderwilligen Amtsrichter Wilhelm Ganzhorn aus Neuenbürg, der in seinen Amtsjahren den Weg zwischen Amtsgericht und „Rössle" viele Male marschiert sein wird. Sicher hat er einen direkteren Weg genommen als wir heute, und oft kam ihm das eine oder andere Fuhrwerk zu Hilfe, wenn er am nächsten Morgen in Neuenbürg seine Amtsgeschäfte wieder aufnehmen musste. Die viel viel jüngere Rösslewirtstochter Luise Alber war hier zu Hause. Wenn wir von der Martinskirche in Conweiler, am Gasthaus Rössle vorbei, nach unten blicken, sehen wir im Hintergrund schon die Stephanskirche von Feldrennach, das Ziel unserer Wanderung. Am „Rössle" beginnt

auch der **Ganzhorn-Weg**, der uns in Richtung Wiesengrund und zum **Wilhelm-Ganzhorn-Brunnen** führt, dem Brunnen *Im schönsten Wiesengrunde*: *Wilhelm Ganzhorn Oberamtsrichter und Dichter 1818 bis 1880 ‚Im schönsten Wiesengrunde…* und die ersten Noten des Liedes lesen wir. Auch an anderer

Stelle hat die Gemeinde Conweiler die Erinnerung an den Juristen und Dichter festgehalten: Am Ortseingang von Schwann existiert ein kleiner Wilhelm-Ganzhorn-Platz mit einer Erinnerungsbüste, und auch das Schulzentrum ist nach ihm benannt. Zurück zum **Wilhelm-Ganzhorn-Brunnen**. Von der Idylle des *stillen Tals* in der Mitte des 19. Jahrhunderts zwischen Conweiler und Feldrennach ist nicht viel geblieben. Am Kindergarten und am Friedhof vorbei finden wir einen Weg, der uns möglichst von

Weg nach Feldrennach: Blick zurück.

den beiden Straßen fernhält, die dieses einst liebliche Tal zerschneiden. Allein der Blick zurück auf Conweiler erinnert an eine vergangene Idylle. Schließlich erreichen wir eine halbe Stunde später das Dörfchen Feldrennach und seine Stephanskirche. *Durch diese Tür schritten, am 18. Januar 1855 zum Traualtar Der Dichter des Volksliedes Im schönsten Wiesengrunde Wilh Christ Ganzhorn u. seine jugendliche Braut Jakobine Luise Alber Rößlewirtstochter in Conweiler* soll auf einer Messingtafel im Eingang stehen. Für uns bleiben die Pforten der Kirche heute verschlossen.

Für den Rückweg ist es sinnvoll, wieder nach Conweiler hochzusteigen und an der Bushaltestelle bei der Martinskirche den Bus 717 zu besteigen, bis zur **Wilhelmshöhe**, und mit dem Stadtbus wieder an den Ausgangspunkt beim ehemaligen Amtsgericht zurückzukehren.

Wilhelm Hauff – Das kalte Herz

In Huzenbach bei Baiersbronn im Murgtal

Wilhelm Hauff – Das kalte Herz

In Huzenbach bei Baiersbronn im Murgtal

Man muss kein Sonntagskind sein, um das romantische Märchen Wilhelm Hauffs zu mögen. Zumal es Sonntagskinder in unserer modernen Zeit immer weniger gibt: der sogenannte medizinische Fortschritt hat sie wegrationalisiert. Schade eigentlich. Dieses baden-württembergische Märchen lässt den Leser eher mit einem gewärmten Herzen zurück, da es wieder einmal literarisch demonstriert, wie wir Menschen aus Fehlern lernen und schließlich das Richtige tun. Ein Märchen eben. Unsere Wanderung führt uns in den Nordschwarzwald, ins Murgtal, das den jungen Stuttgarter Dichter Wilhelm Hauff zu seinem Schwarzwald-Märchen inspiriert haben könnte.

Wilhelm Hauff

Wilhelm Hauff

Wilhelm Hauff wurde am 29. November 1802 in Stuttgart geboren und nach einem Theologiestudium in Tübingen 1824 zum Dr. phil. promoviert. Obwohl er schon 1827 im Alter von nur 24 Jahren starb und seine Schaffensperiode gerade zwei Jahre umfasste, hinterließ er ein beachtliches Gesamtwerk. Heute ist er vor allem für seine Märchen bekannt, so den *Kleinen Muck* oder *Zwerg Nase* oder eben *Das kalte Herz*, das er in seinem dritten Märchenalmanach zusammen mit der Erzählung *Das Wirtshaus im Spessart* erscheinen ließ. Daneben schrieb er andere Erzählungen, den historischen Roman *Lichtenstein* sowie satirische Texte, mit denen er zeitgenössische Trivialtexte parodierte. Er war Mitglied des lockeren Bundes der Schwäbischen Dichterschule, zu denen Autoren wie Gustav Schwab oder Eduard Mörike zählten.

Das Märchen

Das *kalte Herz* gehört dem jungen Schwarzwälder Peter Munk, der im Leben hoch hinaus möchte und dabei viele Fehler macht, und am Ende – wie sollt's im Märchen anders sein – doch noch zu einem ordentlichen und zufriedenen Menschen wird. Unser Peter Munk ist einfacher Köhler und beneidet all die Reichen, die nur in die Tasche greifen müssen, um Taler auf Taler auf den Tisch werfen zu können. Und weil wir ja im Märchen sind, macht er sich auf die Suche nach dem sagenhaften Glasmännlein, dem *Schatzhauser im grünen Tannenwald*, der irgendwo in der Mitte des Schwarzwaldes hausen soll, auf dem Tannenbühl. Und als nach einigen Irrwegen diese Sagengestalt sich ihm schließlich zeigt, weil Peter ja ein Sonntagskind ist, bekommt er drei Wünsche gewährt. Trotz der Warnungen des Glasmännleins sind zwei Wünsche schnell ausgesprochen, und Peter Munk wird in der schönsten Glashütte des Schwarzwaldes reich, steigt auf zum angesehenen Tanz-Kaiser und Spiel-Peter. Aber eines Tages sind die Taschen leer. Doch Peter Munk hat ja noch eine zweite sagenhafte Gestalt des Schwarzwaldes in der Hinterhand, den riesigen Holländer-Michel, den finsteren Waldkönig in Flößergestalt mit seiner ungeheuerlichen Flößerstange. Im Gegensatz aber zum menschenfreundlichen Glasmännlein, das der Schwabe Wilhelm Hauff listigerweise der badischen Seite des Schwarzwaldes zuordnet, hat es dieser arglistige Bursche aus dem dunklen Schwabenwald auf das Herz des Menschen abgesehen. Er tauscht ein warmes mitfühlendes menschliches Herz gegen ein kaltes mit hunderttausend Gulden in der Tasche. Und hatte Peters Herz beim ersten Vorschlag des Holländer-Michel noch ängstlich gezuckt und geschmerzt, so ist er jetzt, im Unglück angekommen, bereit zu diesem faustisch anmutenden höllischen Tausch. Und er findet sich wieder in einem prächtigen Wagen mit Postillion, er sieht hinter sich den Schwarzwald entschwinden und bereist während zwei Jahren die halbe Welt, übernachtet in den besten Wirtshäusern, isst und trinkt überall nur vom Feinsten … – und muss immer wieder feststellen, dass er sich nicht mehr freuen kann, denn sein steinernes Herz erlaubt keinerlei Gefühle. Und als er wieder, von Straßburg her, in den Schwarzwald zurückkommt und der böse Waldgeist ihm sein menschliches Herz verweigert, wird er zum erfolgreichen Holzhändler und zum hartherzigen Gläubiger. Er heiratet die schöne Lisbeth, deren mitfühlendes Herz aber schon bald den hartherzigen Peter Munk so sehr erzürnt, dass er sie vor den Augen eines alten Mannes erbarmungslos erschlägt. Dieses alte Männlein ist niemand anderer als das Glasmännlein, das ihm eine letzte Märchen-Chance gibt, sein böses Herz zum Guten zu bekehren. Und binnen acht Tagen reitet Peter Munk zum Tannenbühl, wo alles seinen Anfang genommen hat. Er hat ja noch einen Wunsch frei. Das Männlein kann ihm zwar sein Herz nicht zurückgeben, aber er gibt ihm in Form eines gläsernen Kreuzes das Mittel in die Hand, mit dem er den bösen Holländermichel überlisten kann. Und als Peter Munk schließlich noch seine unglückliche Lebensentscheidung bereut, denn er hat ja sein Herz wieder, wird auch seine Frau Lisbeth wieder lebendig, und selbst sein altes Mütterchen gesellt sich zu diesem märchenhaften Schlussbild. Peter Munk wird wieder Köhler und diesmal ein erfolgreicher und angesehener Schwarzwälder, und als den beiden ein Knabe geboren wird, wird das Männlein im Tannenwald sein Pate. Noch der alte Peter Munk sagt: *Es ist doch besser, zufrieden sein mit wenigem als Gold und Güter haben und ein kaltes Herz.* Ein Märchen eben.

Wanderung in Huzenbach bei Baiersbronn im Murgtal

Charakter/Länge/Gehzeit
Wir sind auf dem Baiersbronner Himmelweg Nr. 6 unterwegs, der sog. Eiszeittour. Die schöne Zwei-Täler-Tour in einem Waldgebiet mit riesigen „Holländer"-Tannen führt über 11,7 km und ist zweigeteilt. Der erste Teil führt im Seebachtal 558 m aufwärts bis zum Pavillon am Huzenbacher Seeblick. Das Dobeltal führt dann entsprechend die gleichen Höhenmeter abwärts ins Murgtal.

Markierung
Als „Eiszeit-Tour" mit Kristallsymbol markiert.

Einkehrmöglichkeiten
Während der Wanderung keine. Im Nachbarort Schwarzenberg wartet das Vier-Sterne-Hotel Sackmann auf Ihren Besuch. Oberhalb des Murgtals liegt auf über 600 m Höhe die dazugehörige Panoramahütte. Über das benachbarte Schönmünzach erreicht man das herrlich ruhig gelegene Hotel „Forsthaus Auerhahn" in Hinterlangenbach. In Baiersbronn selbst hat man die Qual der Restaurant- und Hotelwahl. Mit der „Traube" in Tonbach oder mit „Bareiss" in Mitteltal seien hier nur die in ganz Deutschland bekanntesten erwähnt. Mit dem Besuch des Hauff-Museums in Baiersbronn und der Glashütte in Obertal-Buhlbach bietet sich sowieso ein mehrtägiger Aufenthalt an.

Anfahrt
Über das Murgtal nach Huzenbach bis zum Parkplatz Fuhrmannsbrunnen Huzenbach. Die S-Bahn-Haltestelle Huzenbach liegt auf der anderen Murgseite direkt gegenüber unserer Wanderung auf den Spuren des Hauff-Märchens.

Wandersaison
April bis November, aber durchaus auch ganzjährig.

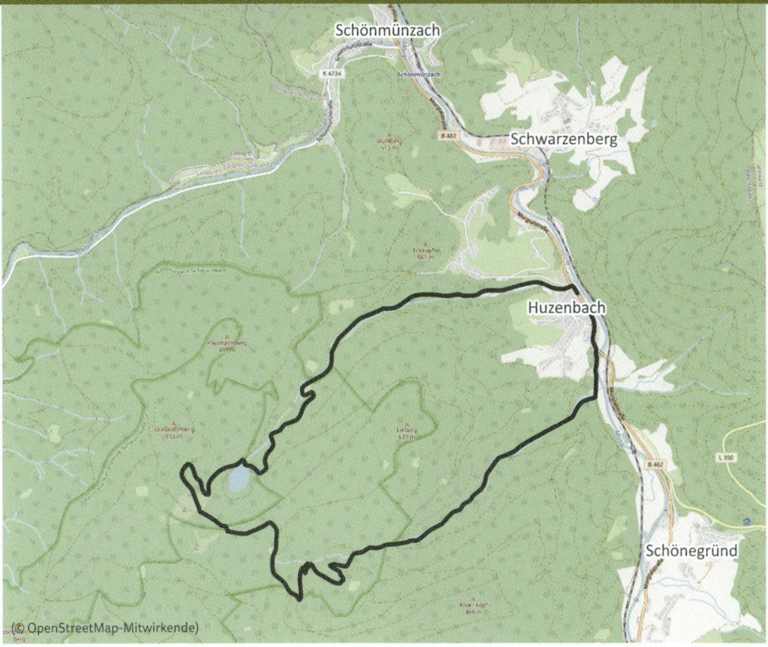

(© OpenStreetMap-Mitwirkende)

Unser Weg

Hier muss es sein. Wir sind in Huzenbach im Murgtal, unweit der historischen Grenze zwischen Baden und Württemberg: linke Seite badisch, rechte Seite württembergisch-schwäbisch. Wie bei Hauff.

Das Auto lassen wir an den Parkplätzen beim Kur- und Rathaus an der Bundesstraße. Über die Seebachstraße erreichen wir rasch das nur leicht ansteigende Seebachtal und seinen Wanderweg „Eiszeit-Tour" unter dem Zeichen des Eiskristalls. Es ist Ende Mai. Gelbgrün leuchtende Frühsommerwiesen begleiten den Weg. Löwenzahn blüht. Und dann und wann eine rote Bank. Felsen des Grundgebirges erinnern an die Bildung des Schwarzwaldes: Frühzeit der Erdgeschichte. Ein Stück Holz

Im Seebachtal.

wird zu einer ungeheuren Schlange unmittelbar neben uns. Ein moosbewachsener Ahornast lässt zum ersten Mal an Hauffs Märchen denken: Peter Munk zwischen Holländer-Michel und Glasmännlein. Auf einem Plakat der baden-württembergischen Forstverwaltung lesen wir: *Hier liegen sie nun, die Bäume ...* Es erinnert an den Orkan Lothar im Dezember 1999 mit Spitzengeschwindigkeiten von 240 km/h. Nach einer guten Wegstunde, im letzten Teil stärker ansteigend, schaut der **Huzenbachsee** zum ersten Mal hinter den Bäumen vor. Angedeutet hat er sich dem kundigen Betrachter schon vorher: Wir nähern uns einem Karsee des Schwarzwalds, den uns die Eiszeiten hinterlassen haben. Steile Rückwand im Westen, darunter der See, im Osten Moränenwall. Der See ist heute sichtbar kleiner geworden, verlandet immer mehr. Seit einigen Jahren zum neuen und zu Beginn umkämpften Nationalpark Schwarzwald gehörend. Das dazugehörige Holzschild haben wir kurz davor passiert. Von Holz- und Forstbauern heftig bekämpft, von Naturschützern und neuer Landespolitik ebenso stark gefördert. Wir gehen rund um den kleinen See, suchen zu verstehen, wie der Wald die Seefläche zurückerobert. Dann geht es richtig bergauf. Über den Seensteig zum sogenannten Dachsbau und auf der Hochfläche des Buntsandsteins eben weiter zum **Huzenbacher Seeblick** mit Pavillon, Sitzgelegenheiten und bequemer Holzliege. Fast ein Luxus. Wir sind jetzt auf der Kleemiss auf über

900 m Meereshöhe. Auf der gegenüberliegenden Seite des Murgtals,
im Schwäbischen, erkennen wir das
Kirchlein des Ortes Schwarzenberg.
Unser Schriftsteller Wilhelm Hauff
soll hier öfter zu Besuch gewesen
sein, damals, in den Jahren 1817 bis
1820, als sein Cousin Gottlieb Hauff
Pfarrer von Schwarzenberg war. Dessen Schwiegervater, der Sonnenwirt
und Holzhändler Gottfried Adam
Klumpp, war um 1800 der reichste
Mann des Klosteramts Reichenbach.
Weil er im Holzhandel zwischen der
Calwer Holländer Holzkompanie,
dem Königreich Württemberg und
den reichen Holzbauern des oberen
Murgtals einer der einflussreichsten
Vermittler war. In der Zeit zwischen
1765 und 1800 waren in einem gewaltigen Holzeinschlag weite Bereiche
dieses Murg-Abschnitts abgeholzt
und nach Holland verschifft worden.
Ein ökologischer Super-GAU vor der
Zeit. Das Prinzip wiederholt sich in
der Geschichte. Eine Supermacht –
damals Holland – braucht für seine Wirtschaft Bodenschätze, die es
selbst nicht besitzt. Ein cleverer Herzog – der von Württemberg – braucht
für sein Lustschloss – die Solitude –
viel Geld. Ein unterentwickeltes
Stück Land – hier das obere Murgtal –
trägt Bodenschätze – hier Holz –, die
gut an Holland verkauft werden können. Wer den Schaden hatte? Man
kann sich das Murgtal ohne Wald
auch heute ganz gut vorstellen. Zum
Glück verkraftet die Mutter Natur einiges. Oben auf der Hochfläche fallen

Huzenbacher See.

Am Seeblick.

uns erste hohe und mächtige Weißtannen auf, die „Holländer-Tannen". Das hohe Objekt der Begierden. *Der Tannenbühl liegt auf der höchsten Höhe des Schwarzwaldes*, heißt es bei Hauff im Märchen. Und der Märchen-Held Peter Munk sucht ihn auf, um dort das Glasmännlein zu treffen, von dem er sich Geisterhilfe erwartet auf seinem Weg zu Reichtum und Glück. Für uns liegt diese Höhe noch etwas weiter im Westen, wo die Hornisgrinde den höchsten Punkt des Nordschwarzwaldes markiert. Wenn wir immer geradewegs Richtung Westen gingen, wären wir in einigen Stunden dort, wie einst Peter Munk. *Kohlen-Munk-Peter hatte jetzt den höchsten Punkt des Tannenbühls erreicht und stand vor einer Tanne von ungeheurem Umfang, um die ein holländischer Schiffsherr an Ort und Stelle viele hundert Gulden gegeben hätte.* Aber noch ist er nicht bereit, dem Glasmännlein, dem *Schatzhauser im grünen Tannenwald*, zu begegnen. Wir gehen jetzt bei der **Kleemisshütte** die steile Karkesselwand abwärts ins Dobelbachtal. Und machen noch einen kurzen Abstecher zum angegebenen Wasserfall – den wir vergeblich suchen. Kein Wasser. Nicht vergeblich suchen wir in diesem Dobeltal die „Holländer-Tannen". Sie stehen rechts und links des Weges und beeindrucken die Wanderer mit ihrer stattlichen Höhe und ihrem mächtigen Stamm. Kein Wunder, dass sie so begehrt waren. Je länger wir im Dobelbachtal nach unten gehen, um so häufiger treffen wir auf die uns beeindruckenden riesigen Weißtannen. Bis wir schon die Geräusche der Bundesstraße hören und auf den **Murgtalradweg** treffen, am **Rastplatz Dobelbach** mit seinen blühenden Kastanien vorbei. Die letzten Meter bis zum **Kurhaus Huzenbach** liegen vor uns.

Zusätzliche Tipps

PS 1: Die Glashütte Buhlbach in Baiersbronn-Obertal als kulturgeschichtliche Ergänzung des Märchens: Der zweite Wunsch Peter Munks beim badischen Glasmännlein, dem *Schatzhauser,* war die *schönste und reichste Glashütte im ganzen Schwarzwald* (S. 290). Wenig später erwirbt er die Glashütte, und Hauff beschreibt, wie Peter Munk sich zunächst als Chef der Glasmacher wohlfühlt, später aber sich nicht mehr für die Arbeit interessiert. So muss er bald die Glashütte dem Amtmann und seinen Gläubigern überlassen. Der Kulturpark Glashütte Buhlbach in Baiersbronn-Obertal erinnert in einer Art Zeitreise mit einem Rundgang an die ab 1788 dort blühende Glasindustrie. Mit der Herstellung des Buhlbacher Schlegel („Spezialität Champagnerflaschen!!") , der bis zum Zarenhof nach Sankt Petersburg exportiert wurde, erreichte die damals bedeutendste Glashütte des Schwarzwalds überregionale Bedeutung. Neben der Schönmünzacher Glashütte war die Glashütte Buhlbach dem jungen Schriftsteller Wilhelm Hauff aufgrund seiner familiären Beziehungen und daraus folgender Aufenthalte im Murgtal wohlbekannt. www.kulturpark-glashuette-buhlbach.com

PS 2: Hauffs Märchenmuseum in Baiersbronn Reichenbacherstr. 1 in 72270 Baiersbronn ist speziell auf unser Märchen *Das kalte Herz* ausgerichtet und dafür eingerichtet. Über die Touristinformation www.baiersbronn.de erreichbar.

PS 3: Auch das Schloss Neuenbürg (siehe Kap. 2) oberhalb der Stadt im Enztal zeigt eine ständige Ausstellung speziell zum Hauff-Märchen. Dort ist eine multi-mediale Inszenierung des Märchens zu sehen (schloss-neuenbuerg.de).

Als zu bestaunende Ergänzung: Kleine Wanderung auf der rechten Seite der Murg von Huzenbach nach Schwarzenberg und zurück: Über die Huzenbacher Holzmaschine – ein Kuriosum aus dem 18. Jahrhundert

Der Erfindungsreichtum des Menschen ist ohne Maß und ohne Grenzen. Auch schon in früherer Zeit. Eine der kuriosesten Erfindungen war in der Mitte des 18. Jahrhunderts im Schwarzwald zu bewundern: die Huzenbacher Maschine zum Transportieren von Holz vom Murgtal ins östliche Nachbartal.

Die großen Holzvorräte des württembergischen Murgtals zwischen Baiersbronn und Schönmünzach gewannen zu Beginn des 18. Jahrhunderts erheblich an Wert. Ursache war der enorme Holzbedarf der damaligen europäischen Großmacht Holland für den Bau von Schiffen und Städten. Außerdem brauchte der Herzog von Württemberg Geld, viel Geld. Etwa für den Bau seines Lustschlosses Solitude bei Stuttgart. So lag es nahe, die Wälder rechts und links der Murg zu „vergulden". Einziges Hindernis: die badische Grenze, die es den Württembergern zunächst unmöglich machte, die riesigen Holzstämme direkt über die Murg in den Rhein zu flößen. Deshalb musste ein Ausweg gefunden werden, das Holz in Richtung Rhein zu transportieren. Was auch bald gelang.

Wenn auch über einen schier unglaublichen Umweg. Der Straßburger Ingenieur Engels konstruierte eine rund 1200 m lange Holzaufzugsmaschine, die den Höhenunterschied von 350 m zwischen der Murg und dem auf der Höhe liegenden Besenfeld überwand. Für den Bau allein wurden ca. 2000 mächtige Baumstämme benötigt. Gebaut wurde die Anlage 1755 nahe der heutigen Reinhardsbrücke am nördlichen Ende von Huzenbach.

Zu einem besseren historischen Verständnis folgen wir einem **Rundweg auf der rechten Murgseite in Huzenbach** mit seinen 10 Stationen auf 6,2 km Länge mit einem bescheidenen Höhenunterschied von 215 m bergauf wie bergab. Fast ein Spaziergang also. Wir verweilen lange bei Station 3: Um die riesigen Baumstämme nach oben zu hieven, waren 11 sogennanten Räderhäuser an der Strecke angebracht, mit einem Abstand von durchschnittlich 100 m. In jedem Räderhaus bewegten nun 4 Arbeiter eine Art Hamsterrad, also ein mächtiges Laufrad mit 5 m Durchmesser. Die Stämme wurden dabei auf einer ca. 2 m breiten Bahn aus Baumstämmen, versehen mit Bretterwänden und einem Dach hochgezogen. Nach jedem Abschnitt musste der Baum ausgehängt und im neuen Abschnitt wieder neu eingehängt werden. Welch eine Arbeit! Für den Betrieb der gesamten Anlage waren etwa 100 Menschen erforderlich, die aus den umliegenden Ortschaften kamen. Pro Tag konnten so etwa 12–15 Stämme nach oben gezogen

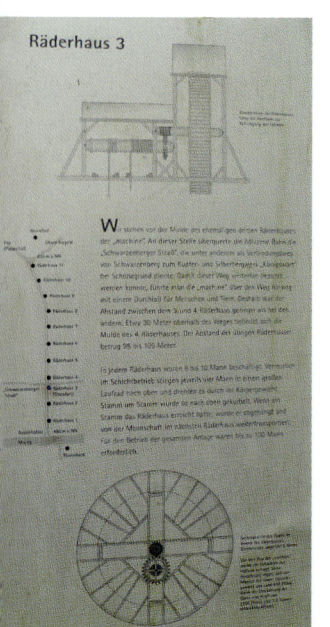

Räderhaus 3

werden. Auf der Höhe bei Besenfeld angekommen, wurden die Baumstämme per Fuhrwerk und später in schmalen Wasserläufen über das Poppeltal in Richtung Enz oder in Richtung Obere Nagold weitertransportiert. Lange Zeit hat dieses Wunderwerk des Holztransports nicht funktioniert. Bei einem letzten schweren Unfall wurde die Anlage drei Jahre später, im Sommer 1758, so zerstört, dass sie nicht wieder repariert wurde.

Wenn wir diesen Wanderweg fortsetzen, kommen wir im Übrigen bald nach **Schwarzenberg**, den Ort, an dem vermutlich das Märchen von Wilhelm Hauff entstand. Ein Verwandter Hauffs, Johann Gottlieb Hauff, war einige Jahre Pfarrer in Schwarzenberg und hatte dort die Tochter des reichsten Mannes von Schwarzenberg, des 100.000-Gulden-Klumpp, geheiratet. Dieser Johann Georg Klumpp war Initiator zur Gründung der Calwer Holländer-Holz-Compagnie, die den Handel mit dem Schwarzwaldholz zunächst betrieb; ihm selbst gehörten allein 20 % des Waldes der Region, außerdem war er an der benachbarten Glashütte Schönmünzach beteiligt. Wilhelm Hauff war öfter zu Besuch im Pfarrhaus von Schwarzenberg, einige hundert Meter oberhalb der Kirche. Und er war mit Sicherheit auch öfter gegenüber im Gasthaus Sonne der Familie Klumpp, im 18. Jahrhundert einem der bedeutendsten Gasthöfe des oberen Murgtals. Hier kann man sich gut vorstellen, wie die Figuren im Hauffschen Märchen ein- und ausgingen, die von vielen beneideten Flözer mit ihrem im Holzhandel verdienten Geld oder die ärmlichen Köhlergestalten wie Peter Munk, die sich nichts sehnlicher wünschten als auch einmal so *angesehen und reich (zu sein) wie der dicke Ezechiel* (S. 275). Und auch Hauff selbst kann man hier gut vor Augen haben, am Stammtisch sitzend und den alten Geschichten lauschend, die vom großen Holz-Boom eine Generation davor erzählt wurden. Eine erste Fassung vom *Kalten Herz* soll im Pfarrhaus entstanden sein.

Wir folgen nun unserem Erlebnispfad die Straße abwärts, am Friedhof vorbei auf das auch über den Ort bekannte **Hotel-Restaurant Sackmann** zu. Einige Minuten später sind wir wieder an der **Reinhardsbrücke**, dem Ausgangspunkt dieser kurzen Wanderung in die wirtschaftlichen und sozialen Verhältnisse im oberen Murgtal vor rund 200 Jahren, die uns manches im Märchen Hauffs besser verstehen lässt.

Schwarzenberg in Baiersbronn.

Bertolt Brecht – Die unwürdige Greisin

Ein Spaziergang in der mittelbadischen Stadt Achern

Bertolt Brecht – Die unwürdige Greisin

Ein Spaziergang in der mittelbadischen Stadt Achern

Dies ist eine Geschichte über eine alte Frau in Achern. Genauer: Über die beiden letzten Jahre dieser alten Frau. Bertolt Brecht scheint diese Geschichte erzählenswert, weil er zeigen will, dass der Mensch zu jeder Zeit die Möglichkeit hat, sein Leben zu ändern. Selbst im Alter noch. Da Brechts Großeltern, die hier als Modell gedient haben könnten, in der Acherner Hauptstraße zu Hause waren, beginnt und endet unser Stadtspaziergang am Brecht-Haus unweit vom Marktplatz.

Bertolt Brecht

Bertolt Brecht

Einer der namhaftesten deutschen Autoren des 20. Jahrhunderts ist zweifellos Bertolt Brecht, am 10. Februar 1898 in Augsburg geboren, mit alemannisch-schwäbischen Wurzeln, denn sein Vater kam aus Achern am Fuß des Nordschwarzwalds und seine Mutter aus dem oberschwäbischen Bad Waldsee. Deshalb verbrachte der junge Brecht zusammen mit seinem Bruder Walter auch viele Sommer bei den Großeltern in Achern. Seine Theaterkarriere begann er als Dramaturg an den Münchner Kammerspielen, er lebte dann als Schriftsteller in Berlin und emigrierte 1933 nach Skandinavien und danach in die USA bis zum Ende des Zweiten Weltkriegs. Er kam 1947 in die Schweiz zurück und beendete seine Laufbahn in Ostberlin, was ihm im Westen Deutschlands manche Kritik einbrachte. Er starb dort 1956. Bertolt Brecht hat ein umfangreiches Werk hinterlassen, was vor allem das Theater, aber auch die Lyrik stark beeinflusst hat.

Die Erzählung – Brechts einzige Schwarzwaldgeschichte aus dem Jahr 1939
Ob Brecht nun wirklich von seiner eigenen Großmutter Karoline B. spricht, sei dahingestellt. Wenn man der Schilderung seines Bruders Walter Brecht glauben darf, ist das Verhalten der *unwürdige(n) Greisin* aus der Kalendergeschichte frei erfunden. Auf jeden Fall ist es die Geschichte einer über 70-Jährigen, die nach dem Tod ihres Mannes ganz neue und vor allem eigene Wege geht. Was auf das Unverständnis ihrer Familie stößt. Sie geht plötzlich ins

Kino, isst mehrfach pro Woche in einem Gasthof, verkehrt mit einem linken Flickschuster und dessen zwielichtigen Freunden, kümmert sich um eine halb schwachsinnige Küchenhilfe und verhält sich überhaupt nicht so, wie es die erwachsenen Kinder von ihr erwartet hätten. Zwei Jahre dauert das *unwürdige* Verhalten der alten Frau, dann stirbt sie in einem Holzstuhl am Fenster ihres großen Hauses in der Hauptstraße der mittelbadischen Stadt Achern, in der sie, unter Missbilligung ihrer Kinder, ganz allein gelebt hatte.

Der Erzähler sieht diese alte Frau anders als die Kinder, nämlich mit einer gehörigen Portion Sympathie, und stellt dabei diejenigen Züge seiner Großmutter heraus, die ihm besonders wichtig sind: ihr Kontakt zu einfachen Menschen, ihr Bedürfnis, diesen auch finanziell unter die Arme zu greifen, ihre bescheidene Form der Lebensfreude und ihre Entschlossenheit, den Weg neu zu gehen, der ihr als der richtige erscheint. Ein zumindest für das erste Jahrzehnt des 20. Jahrhunderts eher ungewöhnlicher Weg für eine alte Frau. Eine sehr lesenswerte kleine Erzählung, nicht nur für Frauen.

Der Stadtspaziergang durch Achern auf den Spuren Brechts und seiner Kalendergeschichte

Charakter/Länge/Gehzeit
Einfacher Stadtspaziergang, den man am besten halbtags bewältigt, wobei an verschiedenen stadtgeschichtlich und literarisch interessanten Stellen Pausen eingelegt werden können.

Markierung
Am besten sind wir mit einem Stadtplan unterwegs, da wir uns an den Straßen orientieren.

Einkehrmöglichkeiten
Hier hat man eher die Qual der Wahl. Es gibt in der Acherner Innenstadt mehrere Gasthäuser und Cafés.

Anfahrt
Wenn man mit dem Auto von Norden oder Süden her anreist, verlässt man die A 5 an der Ausfahrt 53 Achern und erreicht über die L 87 nach wenigen Kilometern das Stadtgebiet. Für einen längeren Aufenthalt bietet sich das Parkhaus unter dem Rathaus an. Wer mit der Bahn anreist, befindet sich etwa 20 Minuten von der Stadtmitte entfernt, wenn er den Bahnhof verlässt. Über die Eisenbahnstraße oder Jahnstraße und Im Engert erreicht er dann die Haupt-

straße und den Adlerplatz. Der Bahnreisende hat den literarischen Vorteil, sich sogleich auf den Spuren der Erzählung zu bewegen, wenn er Acherner Boden betritt. Die *unwürdige Greisin* unternimmt eine Reise mit dem Zug nach K., also nach Karlsruhe, um dort ein Pferderennen zu erleben. Diese Pferderennbahn in Karlsruhe-Knielingen, einem ehemaligen Fischerort am Altrhein, existiert übrigens heute noch.

Wandersaison
Der Stadtrundgang ist ganzjährig begehbar.

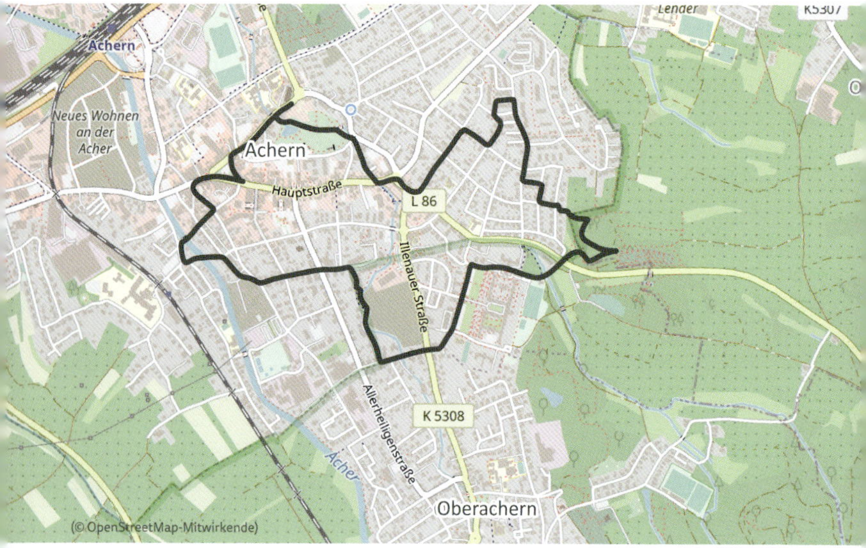

(© OpenStreetMap-Mitwirkende)

Unser Weg
„Darf's ein bisschen Heimat sein?" fragt uns die Schrift an der Wand. Wir stehen vor der Metzgerei in der **Hauptstr. 66**, dem sog. **Brecht-Haus**, einem der ältesten Häuser der Stadt. Ein erster Frühlingstag. Brechts Kalendergeschichte spielt vor allem hier, im Haus seiner Großeltern, die er in den Sommerferien, zusammen mit seinem Bruder Walter, oft besucht hat. Vor allem nach dem Tod des Großvaters 1910 waren

Das Brechtsche Haus.

die Brecht-Brüder Walter und Eugen – wie Brechts eigentlicher Rufname war – im Sommer regelmäßig bei der alleinlebenden Großmutter zu Gast. Man muss sich Achern in jenen Jahren als ein schönes Städtchen mitten in Baden vorstellen: Durch die Hauptstraße lief ein Bächlein, ein Paradies für Kinder, dienstags und samstags boten die Marktleute ihre Waren vor dem Haus feil, einen Steinwurf entfernt lag das Hotel Post, und mitten auf dem Adlerplatz erhob sich das Gasthaus Adler, in dem Brechts Großvater fast jeden Abend am Stammtisch heftig diskutierend dem freien Geist liberalen badischen Bürgertums huldigte. Am besten setzen wir uns auf eine der unbequemen modernen Bänke am Rathausplatz. Brecht beginnt seine Erzählung sehr lapidar mit dem Tod des Großvaters. Die Großmutter ist da zweiundsiebzig Jahre alt. Die wenigen Seiten der Kalendergeschichte könnten wir auch hier lesen. Wir haben jetzt den besten Blick auf das alte Haus gegenüber mit der Metzgerei und dem Tabakladen.

Im Schaufenster dieses schmalen Ladens raucht auch heute noch der junge Bert Brecht seine Zigarre auf einem alten Foto. Um dieses Foto aufhängen zu dürfen, habe sie einiges zu bezahlen gehabt, erzählt uns die Inhaberin Frau Leichs bereitwillig. Die Stadt Achern hat 1973 zum 75. Geburtstag des Schriftstellers eine bronzene Gedenktafel anbringen lassen, links um die Ecke des Hauses, fast etwas versteckt, als schämte sie sich ihres ungezogenen Sohnes – man stelle sich vor: eine Ehrentafel für einen Kommunisten, der sich noch dazu nach dem Krieg entschieden hatte, nicht nach Westdeutschland zu gehen, sondern sich in Ostberlin niederließ!

   Zurück zum Adlerplatz. Hier sehen wir, welche Wunden der letzte Krieg im Herzen dieser Stadt hinterlassen hat. Wie in vielen deutschen Städten. Denn dies muss einmal das lebendige Herz des Städtchens gewesen sein. Mit dem repräsentativen Gasthof und Hotel Adler in der Mitte des Dreiecks, das einmal mehr als Beherbergungs- und Gastronomiebetrieb

Leopoldsdenkmal am Adlerplatz.

Brunnenphilipp.

war: Es war früher der Ort, an dem in Achern Recht gesprochen wurde, wie uns der gelungene Internetauftritt „Historischer Stadtrundgang" auf dem Achern-Portal mitteilt. Und heute? Heute ist der historische Adlerplatz Parkplatz unter Platanen. Das im Volksmund „Lepold" genannte Denkmal für den badischen Großherzog Leopold ist aus früherer Zeit übriggeblieben und ist an die südliche Spitze des Platzes gerückt. Seit 1855 steht es auf dem Adlerplatz, vom Straßburger Bildhauer Andreas Friedrich geschenkt. Einige Jahre nach der badischen Revolution im Sommer 1848 hat es der Stadtrat so gewollt. Eine demutsvolle Entschuldigung für revolutionäre Untaten, um Badens Mitte zu demonstrieren? Achern in Gestalt einer steinernen Jungfrau bekränzt den Kopf des Herrschers mit Lorbeer. Fast sympathischer erscheint uns in Sichtweite die andere Figur des Platzes: der Brunnenphilipp. Aufgestellt 1908 zum 100-jährigen Jubiläum der Verleihung der Stadtrechte durch Großherzog Karl Friedrich von Baden. Angeblich ein Schäfer vom Mummelsee, in nachdenklicher Pose. Sehr an Rodins „Le Penseur" vor dem Musée Rodin in Paris erinnernd, der 25 Jahre zuvor geschaffen wurde. Worüber der Acherner Penseur wohl nachdenkt?

Über die Hauptstraße kommen wir zum Klauskirchl, Acherns „Wahrzeichen" aus dem 13. Jahr-

Nikolauskapelle in Achern.

hundert. Ein gotisches Kirchlein mit Acher-Flusssteinen gebaut und dem Heiligen Nikolaus von Myra in Kleinasien, dem Patron in Wassernot, geweiht. Was aber nicht verhindert hat, dass die Wasser der Acher ihm immer wieder zugesetzt haben. Auch ein Erdbeben hat die Kirche in früherer Zeit fast gänzlich zerstört. Und die Fliegerangriffe von 1945 haben natürlichen Attacken in nichts nachgestanden. Auch hier fällt uns auf: Acherns sog. Wahrzeichen steht eher am Rande, unauffällig, nicht ins rechte Licht gerückt. Die Häuser daneben scheinen das Kirchlein fast zu erdrücken. Die Eingangstür ist verschlossen. Der Schlüssel kann um die Ecke abgeholt werden. Wir werfen einen bewundernden Blick auf das Wohnhaus auf der anderen Seite der Hauptstraße: Es muss eines der schönsten Jugendstilhäuser der Stadt sein, mit Türmchen, Dachgauben und weißen Eisenbalkonen. Leider passt das Geschäft zu ebener Erde, wie so oft in unseren Städten zu beobachten, nicht zur Schönheit des über 100-jährigen Gebäudes. Wir biegen jetzt links in die Kapellenstraße ein, an zwei Weinhäusern vorbei. Ein ansehnliches Fachwerkhaus, die Gaststätte „Zur Hoffnung", zieht unsere Blicke rechterseits auf sich. Auf einer Tafel lesen wir, dass „revolutionär gesinnte Acherner Bürger" im Frühjahr 1848 hier ihren Versammlungsort hatten und das Brauerei-Wirtshaus in „Zur rothen Republik" umbenannten. Auch Brechts Urgroßvater Bernhard Wurzler, der Vater unserer *unwürdigen Greisin*, soll hier mit den mittelbadischen Aufständischen am Tisch gesessen haben. Und dafür im preußischen Gefängnis gelandet sein. Nach dem Scheitern der Revolution erhielt das Gasthaus den Namen, den es noch heute trägt: „Zur Hoffnung".

Auf unserem Spaziergang erlauben wir uns jetzt einen mehr oder weniger ausführlichen Bogen in Richtung Süden, auf der **Wilhelm-Schechter-Straße** über die Acher und auf das Krankenhaus zu. **Josef-Wurzler-Str. 7** lautet die offizielle Anschrift des heutigen Ortenau-Klinikums. Wer war dieser Josef Wurzler? Einer der Söhne des schon erwähnten Revoluzzers Bernhard Wurzler und damit Bruder von Brechts *unwürdiger Greisin* Katharina (Brecht). Einer, der es zu etwas gebracht hat. Jenseits des Atlantiks. Und der als reicher Onkel aus Amerika von Zeit zu Zeit seine Familie in Achern besuchte. Wenn er, so berichtet Brechts Bruder Walter, in einem weißen Cadillac mit schwarzem Chauffeur in der Hauptstraße vorfuhr, wurde er offiziell von der Acherner Blaskapelle am damaligen Ortseingang empfangen. Er soll nicht nur ein buntes Fenster für das Krankenhaus gestiftet, sondern muss auch eine Stiftung zum Wohl dieses Hauses eingerichtet haben. Das Fenster soll angeblich in der Krankenhauskapelle zu sehen sein, wie wir schließlich erfahren. Wir suchen es vergebens. Wer auf den Spuren der Familie Brecht weitergehen möchte, könnte hinter dem Krankenhaus den Weg nach Süden in Richtung Fautenbach nehmen und käme rasch nach Hohbühl und zum ehemaligen Gasthof „Wilhelmshöhe", heute Hohbühl 53: Wenn Brechts Mutter Sophie, im Oberschwäbischen zu Hause, ihre Söhne nach Achern begleitete, übernachtete sie nie im Haus der Schwiegereltern in der Hauptstraße, sondern, damals außerhalb der Stadt, in ebendiesem Gasthof. Eine Begründung dafür kennen wir nicht.

Wir bewegen uns als Nächstes in eine ganz andere Ecke von Achern, an einen Ort, der den Namen des mittelbadischen Städtchens seit der Mitte des 19. Jahrhunderts über die Grenzen der Ortenau bekannt gemacht hat, nämlich die **Illenau** im Südosten der Stadt. Wir überqueren die Acher über die **Martinstraße**, folgen der **Kapellenstraße**, links ab der **Friedrichstraße** und kommen, die befahrenere **Allerheiligenstraße** querend, zur sogenannten **Plaukelmatte**. Ein Infoschild belehrt uns, dass der Name von einer Plauel- oder Hanfmühle stammt, von denen es hier mehrere gegeben haben muss. Wie auch der Hanfanbau in früherer Zeit wohl eine der Geldquellen der Stadt war. Wir folgen jetzt rechts dem **Achertaler Heimatpfad** am Mühlbach entlang bis zur Pappelallee. Wenn wir die **Illenauer Straße** überqueren, sind wir am nordöstlichen Stadtrand Acherns angekommen, denn hier beginnt Oberachern, das heute allerdings zum Stadtgebiet zählt. Sechs Schilder zeigen

Illenau Hauptgebäude.

jetzt in Richtung Illenau, auf die Vielfalt der heutigen Nutzung dieser Stätte hinweisend. Walter Brecht berichtet in seinen Erinnerungen an Achern von der „großen Landesirrenanstalt": Ein Gefühl des Unheimlichen habe den Vorbeigehenden beschlichen, wenn aus dem Gebäude Rufe und Schreie von dort Einsitzenden zu hören waren. Die 1842 eingeweihte Heil- und Pflegeanstalt Illenau hat eine bewegte und bewegende Geschichte hinter sich. Nur so viel: Nachdem dieser zeitweise größte Arbeitgeber der Stadt Achern über lange Jahre eine moderne und vorbildliche Einrichtung für psychisch kranke Menschen war, dann in den 30er und 40er Jahren des 20. Jahrhunderts von den Nazis für deren inhumane Ziele missbraucht wurde, diente sie nach dem Zweiten Weltkrieg der französischen Armee als Stützpunkt im Mittelbadischen. Glücklicherweise ist der klassizistische Gesamtkomplex im Geiste Weinbrenners erhalten geblieben. Heute wird die Illenau vielfältig genutzt: Vom neuen Wohnraum für junge Familien über den Verwaltungssitz der Stadt Achern bis zum Maison de France und zum Boule-Club. Übrigens: Einer der Söhne von Brechts *unwürdiger Greisin* empfiehlt in der Erzählung eine ärztliche Untersuchung für seine Mutter, die wohl nicht mehr ganz bei Sinnen sei. Ob er dabei an die benachbarte Illenau gedacht hat?

Im Park hinter dem Hauptgebäude treffen wir auf den **Hansjakob-Weg** mit seinen grünen Informationstafeln, der auf einen der früheren Patienten der Pflegeanstalt verweist, den im Schwarzwälder Raum bekannten Pfarrer, Politiker und Schriftsteller Heinrich Hansjakob aus Haslach im Kinzigtal. Er hat seine Erfahrungen mit der Illenau aus dem Jahr 1894 in seinem Tagebüchlein *Aus kranken Tagen* festgehalten. Die historische Karte von 1865 zeigt uns dabei sehr schön die Lage der Anstalt außerhalb des kleinen Städtchens. Auf dieser Seite der Illenau beginnt auch der sogenannte **Illenau-Gedächtnisweg**. Wir überqueren das Illenbächel, das der Anstalt später seinen Namen gab. Auf 10 Hinweistafeln werden Geschichte, Geist und Menschen des Hauses vorgestellt: *Ich fand als Mensch hier Menschenliebe und Menschenfreundschaft, wie ich sie draußen in der Welt nicht oft getroffen habe* lesen wir bei Heinrich Hansjakob über seine Erfahrungen in den Jahren 1893/94. Nachdem wir die Straße nach Sasbachwalden hinter uns gelassen haben, erreichen wir in Kürze das eisengeschmiedete Eingangstor des Illenauer Waldfriedhofes mit seinen beinahe 2500 Gräbern. Ein ruhiger Ort unter alten Bäumen. Nur von der nahen Straße sind die vorüberfahrenden Autos zu hören. Der **Hugo-Huber-Weg** bringt uns danach in Kürze wieder in das Wohngebiet Acherns zurück. Wir landen in der **W. Morgenthaler-Straße**, nutzen die **Schlesier- und die F. Bach-Straße** und finden über **Lessingstraße** und **Eichelsbergweg** zum Anfang der **Bert-Brecht-Straße**. Warum unser Schriftsteller mit Acherner Wurzeln gerade in diesem gesichtslosen Wohnviertel der 1980er-Jahre eine Straßen-Heimat gefunden hat, bleibt unergründlich. Immerhin erscheint uns die Nähe zum Klassiker Goethe (-Straße) überzeugend. Diese gehen wir dann abwärts bis zur Franz-Xaver-Lender-Straße, die an den Begründer der nahegelegenen Sasbacher Heimschule erinnert. Wir erreichen jetzt den Kreisverkehr beim „Wilden Mann", staunen über den neuen „Gefängnis"-Bau der Polizeistation und suchen die **Rosenstr. 2**, in der vor 100 Jahren der „Spicker-Fritz" alias Friedrich Huber gewohnt haben soll. Er soll das Vorbild für den Flickschuster abgegeben haben, bei dem die *unwürdige Greisin* so manchen Nachmittag verbringt, oft zusammen mit wenig gut beleumundeten Personen. Insgesamt kein angemessener Umgang für eine alte Dame aus gutbürgerlichem Hause, wie die Familie meint. Vielleicht war es aber auch ganz anders: Auch Karoline Brechts eigener Vater, Bernhard Wurzler aus Sasbachwalden – also der Vater der *unwürdigen Greisin* –, war einst Schuhmacher, und nebenbei auch Stammgast in der „Rothen Republik" in der Kapellenstraße und zeitweise auch im Gefängnis, wie wir schon wissen. Das verrufene Gässchen ist als solches nicht mehr erkennbar, es ist eine zentrale Durchgangsstraße in Richtung Nordwesten geworden, ein moderner Neubau mit Einkaufszentrum („Treff 3000") steht hier anstelle der Schusterwerkstatt. Wir gehen weiter in

Richtung Stadtgarten, am Mühlbach entlang, sehen uns an der Kirchstraße die mehrfach umgebaute katholische Stadtkirche Zur lieben Frau mit ihrem klassizistischen Weingärtner-Innenraum an und kommen schließlich über die Kronengasse wieder in die Hauptstraße. Wo heute ein Schuhgeschäft seine neuesten Modelle präsentiert, muss zu Brecht-Zeiten der altehrwürdige Gasthof Post gestanden haben. Brechts Großonkel Josef Wurzler, der Bruder seiner Großmutter, soll hier jeweils logiert haben, wenn er wieder einmal aus Amerika herüberkam und aus dem weißen Cadillac stieg. Zwei Häuser neben dem Haus seiner Schwester.

Wir blicken jetzt nach oben, wo im ersten Obergeschoss die Familie Brecht gewohnt hat: Ganz rechts, hinter dem letzten Fenster, muss das Schlafzimmer mit Blick auf die Hornisgrinde gewesen sein, wie Walter Brecht in seiner Autobiographie ausführt. Hier endet unser Rundgang, und hier endet auch Brechts Kalendergeschichte. Die Großmutter stirbt in ihrem Schlafzimmer mit Blick auf den Schwarzwald in ihrem Stuhl am Fenster. Wie eine Zusammenfassung der Erzählung hebt er noch zwei Begriffe heraus, die Knechtschaft einerseits und die Freiheit andererseits, die ihr Leben nacheinander bestimmt hätten.

Achern – idealer Ausgangspunkt für Wanderungen rings um die Stadt mit Blick zur Rheinebene und zum Straßburger Münster. Verkehrsgünstig gelegen zum Nationalpark Schwarzwald mit Schwarzwaldhochstraße, Ruhestein und Mummelsee sowie dem Acherner „Hausberg", der Hornisgrinde (1.164 m). Die Städte Baden-Baden, Freudenstadt und Straßburg sind in 30 min zu erreichen. Gemütliche Einkaufsbummel, Kultur und eine kulinarische Vielfalt bietet Achern, die „Einkaufsstadt mit Herz", den Besuchern. Heimische Produkte, Regionalität und den Charme der Jahreszeiten erlebt man in ganz Achern. Mehr als 175 Jahre Geschichte laden Kulturinteressierte in die Illenau ein, eine ehemaligen Heil- und Pflegeanstalt. Erholung findet man am Achernsee, im Freibad und im Stadtgarten mit einzigartigem Abenteuerspielplatz.

Tourist-Info
Rathaus Am Markt | Rathausplatz 1 | 77855 Achern
Tel. 07841 - 642 1900 | Fax 07841 - 642 3900
tourist-info@achern.de | www.achern.de

Grimmelshausen – Der abenteuerliche Simplicissimus

Im hinteren Renchtal

Grimmelshausen –
Der abenteuerliche Simplicissimus

Im hinteren Renchtal

Unsere Tageswanderung führt uns auf dem Premium Wanderweg *Der Wiesensteig* in Bad Griesbach in einer großen Wanderrunde in eine abwechslungsreiche Landschaft mit Wiesen, Wald und Wasser. Wir befinden uns im hintersten Renchtal, wo der Schriftsteller Jakob Christoffel von Grimmelshausen nach dem Dreißigjährigen Krieg selbst gelebt hat.

Hier sind wir sozusagen in der zweiten Heimat des ersten modernen Romanschriftstellers in deutscher Sprache. Hans Jacob Christoffel von Grimmelshausen lebte die letzten 25 Jahre seines Lebens – er starb mit 55 Jahren – im Renchtal. So ist es nicht verwunderlich, dass einige Episoden seines *Abenteuerlichen Simplicissimus Teutsch* aus den Jahren 1668/69 in diesem Teil des Schwarzwaldes spielen.

Hans Jakob Christoffel von Grimmelshausen

Hans Jakob Christoffel
von Grimmelshausen.

Vom Leben Grimmelshausens wissen wir sehr wenig. Nicht einmal das Jahr seiner Geburt, 1621 oder 1622, ist uns mit Gewissheit bekannt. Sein Geburtsort ist das hessische Gelnhausen. Sein Leben wurde maßgeblich durch den Dreißigjährigen Krieg bestimmt, und erst seit 1649 sind seine Lebensstationen besser verfolgbar, als er am Oberrhein sesshaft wurde, in Offenburg und Oberkirch, und schließlich in Renchen Zunächst als Regimentskanzleisekretär, dann als Guts- und Burgverwalter und Wirt und schließlich als Schultheiß, also Bürgermeister in Diensten des Fürstbischofs von Straßburg. Er starb 1676 in Renchen. Aus seinem uns bekannten Werk ragt der Jahrhundertroman der deutschen Literatur des 17. Jahrhunderts heraus, *Der abenteuerliche Simplicissimus Teutsch*.

Der literarische Text

Der Abenteuerliche Simplicissimus Teutsch aus den Jahren 1668/69, der bedeutendste Schelmenroman in deutscher Sprache und erste große Roman in der deutschen Literatur überhaupt, erzählt aus dem Blickwinkel des *einfältigen* Erzählers Simplicius vom Leben eines jungen Menschen in den Wirren des Dreißigjährigen Krieges. Er ist sicherlich autobiographisch an die Erlebnis- und Erfahrungswelt des Autors angelehnt, ja von ihr stark geprägt. Die abenteuerliche Lebensgeschichte des Simplicius führt uns inmitten des Dreißigjährigen Krieges von einem Bauernhof im Spessart zunächst bis in den Westen und Norden Deutschlands, anfangs aus der Perspektive eines naiven Jungen, des autobiographischen Erzählers, der mit Staunen und Verwunderung den Untaten der meisten Menschen begegnet. Immer wieder die militärischen Seiten wechselnd, wird er dann zu einem anerkannten Kriegsmann, durchkämpft halb Europa bis in den Südwesten Deutschlands, wo er sich mitten im Schwarzwald, im hinteren Renchtal, schließlich als Einsiedler niederlässt. Gleichzeitig findet allmählich ein Reifungsprozess bei Simplicius Simplicissimus, dem Einfältigsten unter den Einfältigen, statt, der ihn die Welt und die Menschen in christlichem Verständnis erkennen lässt: *Woraus zu sehen ist, dass Unbeständigkeit allein beständig sei – immer, in Freud und Leid* heißt es zu Beginn der Continuatio, also des allerletzten Buches dieses riesigen Romans.

Der Text ist nicht einfach zu lesen: Die Sprache des 17. Jahrhunderts, aber auch dessen stilistische Eigenheiten – nicht enden wollende Aufzählungen zum Beispiel – bereiten dem modernen Leser Schwierigkeiten. Deshalb sei hier die relativ neue Ausgabe mit der Übertragung von Reinhard Kaiser empfohlen, 2009 erschienen, dem es gelingt, den Spagat zwischen Lesbarkeit und Werktreue zu meistern. Eine bewundernswerte sprachliche Leistung.

Im Kapitel 12 des fünften Buches befindet sich der Leser im letzten Teil des Romans. Simplicius hat sich als Bauer im hinteren Renchtal niedergelassen und erfährt eines Tages von einem wunderlichen See auf einem hohen Berg, dem Mummelsee.

So wanderten wir über Berg und Tal und kamen in weniger als sechs Stunden zum Mummelsee, denn mein Pate war noch rüstig und so gut zu Fuß wie ein Junger. Dort oben aßen und tranken wir, was wir mitgenommen hatten, denn der weite Weg und die Höhe des Berges, auf dem der See liegt, hatten uns hungrig gemacht und erschöpft. Nachdem wir uns erfrischt hatten, sah ich mir den See an ... Als ich damit fertig war und sah, dass bei heiterem Himmel und lauer Luft

Windstille herrschte, wollte ich auch herausfinden, was es mit dem Märchen von dem Unwetter auf sich hatte, das losbrechen sollte, wenn man einen Stein in den See warf. (...)

Um meinen Versuch anzustellen, ging ich nach links am See entlang bis zu der Stelle, wo das Wasser, das im Übrigen kristallklar ist, wegen der Tiefe des Sees kohlenschwarz zu sein scheint, so dass schon der unheimliche Anblick den Betrachter mit Grauen erfüllt. Dort begann ich, Steine hineinzuwerfen, so groß, wie ich sie eben noch tragen konnte. Mein Pate oder Knan wollte mir nicht nur nicht helfen, sondern warnte mich und bat inständig, ich solle damit aufhören. Ich aber machte eifrig weiter, und Steine, die ich nicht schleppen konnte, weil sie zu groß und zu schwer waren, die wälzte ich herbei, bis ich mehr als dreißig in den See befördert hatte. Da bedeckte sich der Himmel mit schwarzen Wolken, aus denen ein schauriges Donnern hervordrang, so dass mein Pate, der auf der anderen Seite des Sees in der Nähe des Auslaufs stand, anfing, mich zu schelten, und schrie, ich solle mich in Sicherheit bringen, damit wir nicht in den Regen und das Unwetter oder gar in noch größeres Unglück gerieten. (...)

Während ich seinem Schimpfen lauschte, ließ ich die Tiefe des Sees nicht aus den Augen, denn ich erwartete, von seinem Grund würden Blasen aufsteigen, wie sonst, wenn man Steine in stehende oder fließende Gewässer wirft. Aber nichts dergleichen geschah. Stattdessen sah ich ganz unten, wo es dem Abgrund entgegenging, mehrere Kreaturen, die mich mit ihrer Gestalt an Frösche erinnerten, im Wasser kreiseln und herumtrudeln, wie die Schwärmer einer hoch in der Luft explodierenden und sich entfaltenden Feuerwerksrakete. Aber je näher sie mir kamen, desto größer und menschenähnlicher schienen sie zu werden, so dass mich zuerst tiefe Verwunderung und zuletzt, als ich sie ganz dicht vor mir sah, Grausen und Entsetzen überkam. (...)

... da war auch schon einer von diesen Wassergeistern ... aufgetaucht und antwortete mir: ,Sieh mal einer an, ... Was würdest du erst sagen, wenn du im Mittelpunkt der Erde wärst und unseren Wohnsitz sehen könntest, den du mit deiner Neugier gestört hast?'

Unterdessen erschienen hier und da noch mehr Wassermännlein wie Tauchenten an der Oberfläche. Zu meiner Verwunderung hatten sie die Steine bei sich, die ich ins Wasser geworfen hatte. Der Erste und Vornehmste von ihnen, dessen Gewand wie Gold und Silber schimmerte, warf mir einen glitzernden Stein zu, so groß wie ein Taubenei und so grün und durchsichtig wie ein Smaragd und sagte: ,Nimm dieses Juwel, damit du den Leuten etwas von uns und diesem See erzählen kannst!'

Doch kaum hatte ich den Stein aufgehoben und eingesteckt, da war mir, als würde mich die Luft ersticken oder als würde ich in ihr ertrinken. Ich konnte mich nicht mehr aufrecht halten, taumelte herum wie ein Garnröllchen und stürzte schließlich in den See. (S. 472–74)

In seiner romantischen Ballade aus dem Jahr 1829 beschwört der schwäbische Dichter Eduard Mörike das Treiben der Nixen am nächtlichen Mummelsee. Und in der offenen Wandelhalle der Trinkhalle in Baden-Baden mit Darstellungen aus der badischen Sagenwelt sind die Nixen vom Mummelsee in einem Wandgemälde von 1840 zu bewundern.

Die Geister am Mummelsee (Eduard Mörike)

Vom Berge was kommt dort
    um Mitternacht spät
Mit Fackeln so prächtig herunter?
Ob das wohl zum Tanze,
    zum Feste noch geht?
Mir klingen die Lieder so munter.
O nein!
So sage, was mag es wohl sein?

Sie schweben herunter ins Mummelseetal –
Sie haben den See schon betreten –
Sie rühren und netzen den Fuß nicht einmal –
Sie schwirren in leisen Gebeten –
O schau,
Am Sarge die glänzende Frau!

Jetzt öffnet der See das grünspiegelnde Tor;
Gib acht, nun tauchen sie nieder!
Es schwankt eine lebende Treppe hervor,
Und – drunten schon summen die Lieder.
Hörst du?
Sie singen ihn unten zur Ruh.

Das, was du da siehest, ist Totengeleit,
Und was du da hörest, sind Klagen.
Dem König, dem Zauberer, gilt es zuleid,
Sie bringen ihn wieder getragen.
O weh!
So sind es die Geister vom See!

Die Wasser, wie lieblich
    sie brennen und glühn!
Sie spielen in grünendem Feuer;
Es geisten die Nebel am Ufer dahin,
Zum Meere verzieht sich der Weiher –
Nur still!
Ob dort sich nichts rühren will?

Es zuckt in der Mitten –
    o Himmel! ach hilf!
Nun kommen sie wieder, sie kommen!
Es orgelt im Rohr und es klirret im Schilf;
Nur hurtig, die Flucht nur genommen!
Davon!
Sie wittern, sie haschen mich schon!

Im hinteren Renchtal.

Wanderung auf dem Bad Griesbacher Wiesensteig im hinteren Renchtal

Charakter/Länge/Gehzeit
Eine mittelschwere Wanderung mit etwa 13 km Länge, einem Höhenunterschied von knapp 400 m hinauf und hinab bei 5–6 Stunden Dauer. Fast durchgehend Natur-Wanderwege. Die letzte Wanderschleife verkürzen wir in Richtung Parkplatz Rohrenbach unten an der Rench.

Markierung
Mit Wiesensteig-Symbol markiert, da wir weitgehend dem Premium-Wanderweg Wiesensteig folgen.

Einkehrmöglichkeiten
Im ersten Teil das Höhengasthaus Herbstwasen an der Wilden Rench und später die Renchtalhütte im Oberen Rohrenbach.

Anfahrt
Mit der Ortenau S-Bahn bis zur Endhaltestelle Bad Griesbach oder mit Pkw über die A 5 bis Ausfahrt Appenweier und der B 28 bis Bad Griesbach und in die Wilde Rench folgen.

Wandersaison
Ganzjährig begehbar. Besonders schön im Frühjahr und im Herbst, aber auch im Winter frisch verschneit.

Unser Weg
Wenn wir hier in den **Bad Griesbacher Wiesensteig** einsteigen, sind wir sofort im fünften und letzten Buch dieses Jahrhundertromans von Grimmelshausen. Sehen wir von der ein Jahr später erschienenen Continuatio, der Fortsetzung, einmal ab, die noch ein sechstes Buch und einen anderen Schluss hinzufügt. Wir starten gegenüber der **Einmündung Rohrenbachtal** mitten im Tal der Wilden Rench, wie dieser erste Abschnitt des Renchtals genannt wird. Vor uns liegen einige Häuser, die den Platz markieren, an dem sich der Romanheld Simplicius Simplicissimus nach seiner Heirat mit einer hübschen Griesbacherin einen stattlichen Hof bauen lässt. Grimmelshausen soll hier auf dem sogenannten Dissenbauernhof, der einst zum Griesbacher Badebetrieb zählte, selbst gelebt haben. Unser Wanderweg geht steil über die Wiese nach oben an den Waldrand, eine Bank verführt uns zu einem frühen Halt, um uns einen ersten Überblick zu ver-

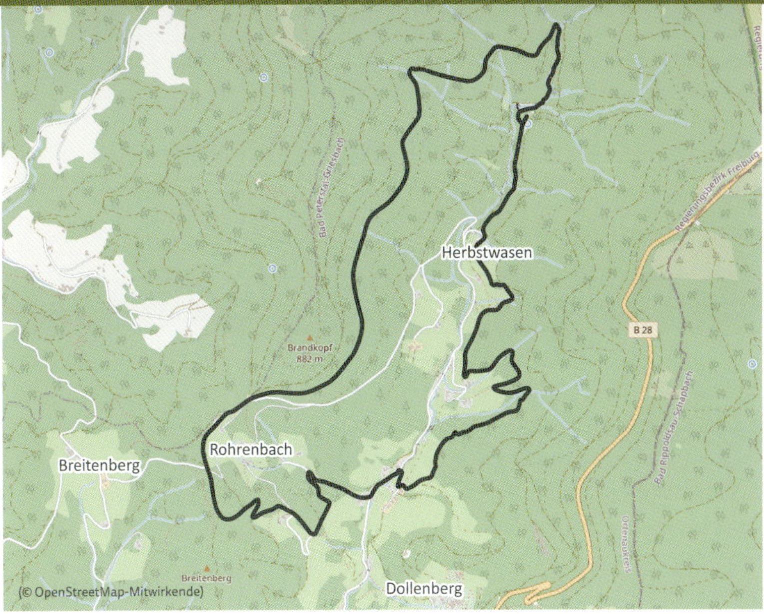

schaffen. Nicht zu vergessen: Im Roman sind wir im 17. Jahrhundert, mitten im Dreißigjährigen Krieg, und weite Teile Deutschlands sind verwüstet, Millionen von Menschen sind dem Krieg zum Opfer gefallen. Dabei ist das hintere Renchtal auch damals eher ein Ort des Friedens, wo Badebetrieb und Landwirtschaft fast normal funktionieren, im Gegensatz zu der nur zwanzig Kilometer entfernten Oberrheinebene, in der kämpfende und marodierende Truppen keinen Stein auf dem anderen lassen. Folgen wir dem Wiesensteig auf dieser Talseite weiter in stetigem Auf und Ab, so gehen wir etwa eine Stunde später auf wunderschönem Wiesenweg auf das Gasthaus Herbstwasen zu, wo wir eine nächste Pause einlegen können. Wir lassen uns am Wiesenrand nieder und blicken hinunter ins Tal

Gasthaus Herbstwasen.

der Wilden Rench. Als Simplicius wegen brandschatzender Soldaten seinen Heimathof im Spessart als Zehnjähriger verlassen muss, trifft er im Wald auf einen Einsiedler, der versucht, den jungen Einfältigen zu einem Christenmenschen zu machen. Über zwei Jahre leben die beiden zusammen, und Simplicius bekommt von diesem alten Mann drei Lehren mit auf den Lebensweg: erstens soll er versuchen, sich immer besser selbst zu erkennen, zweitens solle er sich vor schlechter Gesellschaft in Acht nehmen, und drittens solle er, was er einmal als richtig er-

Saurbrunnen im Grießbach.

kannt habe, stets weiterverfolgen. Mit diesen Regeln wird Simplicius in die deutsche Wirklichkeit des Dreißigjährigen Krieges geschickt und wird allmählich, von zahlreichen Erfahrungen geprägt, vom einfältigen Narren zum geschickten und brutalen Kriegsmann, der nun seinerseits andere an der Nase herumführt. Über Köln gelangt er in den nächsten Jahren nach Paris, und auf dem Weg zurück an den Rhein wird er, nach einem längeren Bad in demselben, in die Festung Philippsburg als Musketier einrücken. Er übersteht zahlreiche Schlachten im Badischen und trifft schließlich seinen alten Freund Herzbruder, den er in den Renchtäler Sauerbrunnen begleitet, das heutige Bad Griesbach.

Wenn wir das Gasthaus Herbstwasen hinter uns lassen, kommen wir in einem Waldstück in einen landschaftlich höchst reizvollen Abschnitt unserer Wanderung, da uns der Weg hier am Bachlauf der Wilden Rench entlangführt, einmal rechts, einmal links, und wir sind stets darauf bedacht, nicht zu nasse Füße zu bekommen. An der Fischfelsenhütte verlassen wir das Bächlein und kommen auf einen breiten Holzweg, der uns in etwa einstündiger Wanderung, immer leicht ansteigend, hoch zur Renchtalhütte führen wird. An der Fischfelsenhütte ist aber noch Platz und Zeit für eine kleine Pause, die wir mit einem Blick in Grimmelshausens Roman nutzen. Wir blättern jetzt im Fünften Buch, und nachdem wir erfahren haben, dass auch damals Ärzte und Apotheker die zur Kur Weilenden um manchen Groschen erleichtert haben, Simplicius Simplicissimus seine wahre Herkunft erfährt und eine zweite, wenn auch kurze Ehe eingeht und mit drei Söhnen konfrontiert wird, begleiten wir unseren Helden auf dem Weg vom hinteren Renchtal zum Mummelsee, der ihn hier vorbeigeführt haben könnte. Im Roman erreicht er vom hinteren Renchtal aus in sechs Gehstunden den schon damals sagenumwobenen Mummelsee. So phantastisch uns die sogenannte Mummelsee-Episode anmuten mag, so fußt doch der Autor Grimmelshausen hier auf den einst aktuellen Erkenntnissen der barocken Naturkunde. Er steigt im See hinab in die Unterwasserwelt und den Mittelpunkt der Erde und kehrt mit einem kostbaren Geschenk des Königs der Unterwelt an die Seeoberfläche zurück. Dort wo er den *Stein mit seltsam schimmernden Farben* auf den Boden legen würde, würde eine *wunderbare Sauerbrunnenquelle* zu fließen beginnen. Leider ist Simplicius ebenso habgierig wie andere Menschen und leider hat er dem Unterwasserfürsten auch nicht die Wahrheit über die *verschiedenen Stände auf der Welt* erzählt, denn schon auf seinem Rückweg, als er versehentlich ins schwäbische Obertal absteigt, verschwendet er im *Muckenloch* die Zauberkraft seines kostbaren Steins. Mit müden Füßen kehrt unser Held auf seinen Hof im Renchtal zurück und widmet sich zunächst dem Bücherstudium, bevor er als Kriegsteilnehmer für die nächsten Jahre nach Russland und bis ins ferne Japan und China verschlagen wird, ehe er wieder nach Kriegsende nach Griesbach zurückkehrt. Eine höchst phantastische sehr lesenswerte Mummelsee-Episode.

Bad Griesbach vor 1663 (Ansicht von Matthäus Merian).

Blick vom Mooskopf nach Westen.

Nach der einfachen, gut einstündigen Waldpassage und einer erholsamen Mittagspause in der Renchtalhütte folgen wir dem ausgeschilderten Wiesensteig die Straße **in Richtung Breitenberg** entlang bis zur ersten Rechtskurve und nehmen dann den Weg links abwärts, bis wir wieder auf die alten Wiesensteigschilder im Rohrenbach treffen, immer mit Blick auf den gegenüber liegenden Hotelkomplex des Schwarzwald-Resort Dollenberg.

Der Schluss unseres Romans ist schnell erzählt: Simplicius S. verabschiedet sich von der lauten Welt und zieht sich mit einem *Leb wohl, Welt* als gereifter christlicher Eremit in eine *andere Wildnis* zurück, auf den Mooskopf im vorderen Renchtal, wie wir zu Beginn der Continuatio erfahren, der ein Jahr später erschienenen Fortsetzung des Romans. Im Renchtal unter Literaturfreunden schon fast legendär ist der Blick des Ich-Erzählers von diesem Mooskopf aus:

Von dort oben hatte ich eine schöne Aussicht – nach Osten in das Oppenauer Tal und seine Seitentäler; nach Süden in das Tal der Kinzig und über die Grafschaft Geroldseck, wo das hohe Schloss zwischen seinen Nachbarbergen aussah wie der König bei einem aufgestellten Kegelspiel; nach Westen überblickte ich das Ober- und Niederelsass und nach Norden die Markgrafschaft Baden-Durlach bis hinunter zum Rhein, wo die Stadt Straßburg mit ihrem hohen Münsterturm wie das Herz inmitten eines Leibes prangte. (S. 543)

Diese über hundertseitige Continuatio beendet der Erzähler nach wiederum abenteuerlicher Pilgerfahrt durch die halbe Welt als Robinson auf einer einsamen Insel bei Madagaskar, wo er seine Lebensgeschichte aufschreibt und einem

Rohrenbach im hinteren Renchtal.

holländischen Kapitän dieses Buch auf dem Weg nach Europa mitgibt. Simplicius wird sein gottgefälliges Leben als Einsiedler auf dieser Insel weiterführen, fern von Europa mit seinen Kriegen und seinem wenig gottesfürchtigen Leben.

Auf unserem Weg abwärts zu unserem Ausgangspunkt im Rohrenbach unten im Tal der Wilden Rench haben wir genügend Zeit, um über den Jahrhundertroman des 17. Jahrhunderts nachzusinnen. Bringt er uns auch heute gültige Erkenntnisse? Der Erzähler selbst unterscheidet zwischen *äußerer Hülle und Kern* des Romans, wenn er seine Furcht zum Ausdruck bringt, nicht zum *Unterhaltungskasper anderer Leute* werden zu wollen. (S. 541) Das *Nützliche* für den Leser lässt sich wohl zunächst in den drei Lebensregeln fassen, die der Einsiedler im Spessart, später als der leibliche Vater des Simplicius identifiziert, dem naiven Zehnjährigen zu Beginn des Romans mit auf den Weg gibt. Der wechselhafte Lebensweg des Romanhelden, der bald so und bald anders durch das Leben geworfen wird, wird im Vorwort zur Continuatio von 1669 in dichterische Worte gefasst, wenn Grimmelshausen schreibt:

„O wunderbares Tun!
O unbeständigs Stehen!
Wenn einer wähnt, er steh,
so muss er weitergehen.
O schlüpferigster Stand!
Dem statt vermeinter Ruh
Schnell und zugleich der Fall
sich nähert zu,

Gleich wie der Tod selbst tut.
Was solch hinflüchtig wesen
Mir habe zugefügt,
das wird hierin gelesen;
Woraus zu sehen ist,
dass Unbeständigkeit
Allein beständig sei –
immer, in Freud und Leid." (S. 535)

Heinrich Hansjakob – Der Vogt auf Mühlstein

Von Nordrach nach Zell am Harmersbach

Heinrich Hansjakob – Der Vogt auf Mühlstein

Von Nordrach nach Zell am Harmersbach

Schöner kann ein Schwarzwaldweg kaum sein: Er beginnt weit hinten im Nordracher Tal im mittleren Schwarzwald und endet dort, wo Harmersbacher Tal und Nordracher Tal zusammenfinden: in der alten freien Reichsstadt Zell. Zwischen den beiden Tälern, gelehnt an einen flachen Hang, liegt seit Hunderten von Jahren der Bauernhof Vogt auf Mühlstein, Schauplatz einer der schönsten Erzählungen des Pfarrers Heinrich Hansjakob und seit einigen Jahren wieder als Gasthof zur Einkehr einladend.

Heinrich Hansjakob

Heinrich Hansjakob

Dieser vor allem im Schwarzwald bekannte Schriftsteller war eine vielschichtige und komplizierte Persönlichkeit: er wurde am 19. August 1837 in Haslach im Kinzigtal geboren und gilt allgemein als populärer Volkserzähler. Seine Erzählungen greifen oft auf wirkliche Geschehnisse zurück, die ihm aus dem bäuerlichen Milieu seiner mittelbadischen Heimat nahegebracht wurden. Der vielseitig interessierte und engagierte Hansjakob war nicht nur katholischer Pfarrer und promovierter Historiker – er hatte über viele Jahre Pfarreien in Hagnau am Bodensee und in Freiburg –, sondern war etwa als badischer Landtagsabgeordneter politisch aktiv, saß mehrfach in Haft wegen politischer Beleidigungen oder gründete am Bodensee eine erste Winzergenossenschaft . Es ist sehr wahrscheinlich, dass Hansjakob als Mann auch mit dem Zölibat in Konflikt kam. So entstanden um das zwei Meter große „Schwarzwälder Heimatdenkmal" auch immer wieder Geschichten um einige illegitime Kinder; in diesem Zusammenhang verbrachte er einige Zeit in der Nerven- und Pflegeheilanstalt Illenau in Achern. Hansjakob starb 1916 in Haslach, wo der von ihm noch bewohnte und sehenswerte Freihof heute als Museum zugänglich geblieben ist.

Heinrich Hansjakob: „Der Vogt auf Mühlstein" (1892)
(aus: „Schneeballen – Erzählungen aus dem Kinzigtal")

Vielleicht ist sie eine der schönsten Erzählungen von Heinrich Hansjakob aus Haslach im Kinzigtal. Vielleicht. Diese tragische Liebesgeschichte erzählt vom kurzen Leben und jungen Sterben dieser kaum erwachsenen Frau auf einem Hof im mittleren Schwarzwald im 18. Jahrhundert. Es ist eine wahre Geschichte, wie so oft bei diesem Schriftsteller. Magdalena Muser war die Tochter des damaligen Klostervogts auf Mühlstein, des Anton Muser, der für das Kloster Gengenbach die sogenannten Schottenhöfe verwaltete. Und dieser allzu strenge Vater trieb seine Tochter in den frühen Tod, weil er als Bauer seine Kinder nach Verstand und Tradition verheiratete und nicht nach dem Willen und Gefühl der jungen Menschen, wie dies im Schwarzwald und anderswo in jener Zeit eben Brauch war.

Die kurze Geschichte der Magdalena beginnt im Sommer des Jahres 1784 und endet mit ihrem Tod als 19-jährige Bäuerin am 15. März 1785, kaum zwei Monate nach ihrer Hochzeit mit dem reichsten Bauern im Nordracher Tal. Doch der Reihe nach.

Die bildhübsche Magdalena hat schon seit Jahren ihr Herz einem jungen, aber armen jungen Mann aus Nordrach geschenkt, dem Öler Hans vom Ölerjokenhof unten im Tal. Beide haben sich beim gemeinsamen Singen an Fest- und Feiertagen kennen und lieben gelernt. Beide wissen auch, dass sie unter den herrschenden Bedingungen keine Chance auf ein gemeinsames Leben haben werden. Anlässlich der Kirchweih in Nordrach am letzten Sonntag im August fällt das Auge des reichsten Bauern im Tal, des Hermesbur von Lindach, auf das schöne Äußere und das kecke Auftreten der jungen Sängerin. Ulrich Faißt ist 53 Jahre alt und bereits zweimal Witwer, aber durchaus eine stattliche Erscheinung, wie ihn Hansjakob beschreibt, allerdings mit nur mäßigen geistigen Mitteln gesegnet. Einige Wochen nach dieser Begegnung, am ersten Sonntag im Oktober, sattelt der Hermesbur sein schönstes Pferd, reitet hoch auf den Hof des Vogts und hält um die Hand der einzigen Tochter Magdalena an. Beide Männer sind sich schnell handelseinig. Am nächsten Morgen wird Magdalena von ihrem Vater über die bevorstehende Heirat informiert. Sie weigert sich. Doch als der zornige Vater den

Druck auf sie in den folgenden Tagen weiter erhöht und auch vor Androhung von Gewalt nicht zurückschreckt, ist die verzweifelte Tochter schließlich Ende Oktober bereit, mit dem Vater zur „Beschau" auf den Hermesburhof zu gehen. Das Einzige, was sie erreicht: Die Hochzeit wird auf ihren Wunsch auf die Zeit nach Weihnachten festgelegt. Herzzerreißend ist der Abschied von Hans und Magdalena in einem Waldstück im Stollengrund auf halber Höhe zwischen dem Ölerjokenhof unten im Tal und dem Vogtshof oben auf Mühlstein. Am 17. Januar macht sich dann die weinende Braut an der Spitze eines großen Hochzeitszuges auf den verschneiten Weg nach Zell, und im „Hirschen" wird eine prächtige Vermählung gefeiert. Noch am Hochzeitsabend erklärt die junge Frau dem Hermesbur, dass sie zwar für ihn arbeiten, aber niemals sein Bett teilen werde. Auch die Schläge ihres ratlosen Mannes und die Gewalt ihres erzürnten Vaters ändern nichts. Magdalena wird krank, und einige Wochen später stirbt sie. Ihr ehemaliger Verlobter, der Ölerjoken Hans, hat inzwischen seine Heimat verlassen und sich als Söldner zum Kriegsdienst verpflichtet. Erst acht Jahre später, im Herbst 1793, erfährt er vom Schicksal seiner Magdalena, als er als Korporal in den Reihen der österreichischen Armee im Elsass gegen die französische Rheinarmee kämpft. Er bittet um Urlaub, besucht auf dem Zeller Friedhof „Unter den Eichen" seine ehemalige Braut und stirbt einige Tage später in der Schlacht bei Weißenburg.

Der Hermesbur hat einige Wochen nach dem Begräbnis Magdalenas ein weiteres Mal geheiratet; viele Kinder wurden dieser Ehe beschieden, und Ulrich Faißt ist 86-jährig im Jahr 1816 gestorben. Ungewöhnlich und erstaunlich ist das Schicksal des Vogts auf Mühlstein, nach dem die Erzählung benannt ist. Vielleicht kein Zufall. Nach dem Tod seiner Tochter geht eine Wandlung in dem so starrsinnigen Mann vor: Weinend gesteht er sein Unrecht gegenüber seiner Tochter ein und ist fortan bereit, seine übrigen Kinder nach deren Willen heiraten zu lassen. Ein fast unheimliches Schicksal ist ihm selbst beschieden: Fünfzehn Jahre später, am Begräbnistag seiner Tochter, dem 15. März des Jahres 1800, stirbt er eines jämmerlichen Todes mitten im Wald: An der Stelle im Stollengrund, an der Magdalena sich von ihrem Hans verabschieden musste, um den ungeliebten Hermesbur zu heiraten, rutscht er auf eisglattem Weg aus, und da niemand seine Hilferufe hören kann, erfriert er einige Stunden später an Ort und Stelle.

Flacken, Nordrach.

Von Nordrach nach Zell am Harmersbach

Charakter/Länge/Gehzeit

Einfache bis mittelschwere Wanderung meist auf bequemen Naturwegen. Der erste Teil bis zur Mittagspause im „Vogt auf Mühlstein" geht stetig aufwärts bei einem Höhenunterschied von etwa 300 m, Gehzeit zwei Stunden. Der zweite Teil geht dafür nur abwärts, hier ist in weiteren 2 bis 2,5 Stunden eine Höhe von 400 m zu bewältigen.

Markierung

Wir folgen zunächst den weißen Hinweisschildern des Schwarzwaldvereins bis zum Gasthaus „Vogt auf Mühlstein". Schon ab dem Haldeneck erscheint das schwarze Hut-Symbol des Hansjakob-Wegs, das uns bis Zell begleitet. Zudem ist unser Ziel Zell immer wieder angegeben.

Einkehrmöglichkeiten

Die Route ist zweigeteilt gewählt, so dass als Mittagspause eine Einkehr im „Vogt auf Mühlstein" dringend anzuraten ist. Das Gasthaus auf dem Mühlstein ist „die Ortenauer Bauernwirtschaft schlechthin", wie der Offenburger Autor Hans Roschach schreibt. Ein Muss! Von Mittwoch bis Samstag ab 11 Uhr geöffnet.

Anfahrt

Zufahrtsmöglichkeiten nach Nordrach von der A 5 kommend über das Renchtal (Ausfahrt Appenweier) bis Löcherberg und hoch in Richtung Harmersbacher Tal und später, kurz vor dem Pass rechts ab über ein schmales Sträßchen ins Nordracher Tal bis zur Maiersäge (Bushaltestelle) zwischen Nordrach-Kolonie und dem Ort Nordrach. Für die Rückfahrt ab Zell muss der Linienbus oder Taxi Schnurr genommen werden. Mit der Bahn ab Offenburg mit der S-Bahn Ortenau ins Harmersbacher Tal bis Zell und mit dem Bus nach Nordrach.

Wandersaison

Grundsätzlich ganzjährig durchführbar.

Unser Weg

Alles, was der romantisch inspirierte Wanderer sich wünscht, wenn er im Schwarzwald unterwegs ist, dem begegnen wir auf unserer Tagestour zwischen Nordrachtal und Harmersbacher Tal im mittleren Schwarzwald: offene Wiesen und Felder, schattenspendender Wald, stattliche Bauernhöfe, grasendes Vieh, Ausblicke weit über das benachbarte Tal hinaus und als Etappenziel ein kleines, aber lebendiges Städtchen.

Freundlicher Spätsommertag über dem Nordrachtal, dem badischen Davos, als das es im 19. Jahrhundert öfter bezeichnet wurde, weil es im Jahresverlauf nur wenige Nebeltage kennt und deshalb für Lungenheilanstalten besonders attraktiv schien.

Unsere Wanderung beginnt an der **Bushaltestelle Maiersäge**, schräg gegenüber dem ehemaligen Sägewerk Junker, auf halber Strecke zwischen Nordrach-Dorf und Nordrach-Kolonie. Auf dem Brücklein überqueren wir die Wasser der Nordrach und vertrauen uns für den ersten Kilometer dem asphaltierten Fahrweg an. "Muss das sein?" hören wir uns denken. Das erste weiße Hinweisschild des Schwarzwaldvereins führt uns in die Erzählung von Hansjakob hinein: der Ölerjokenhof, die Heimat des Ölerjoken Hans, *eine stille Strohhütte* (S. 15), wie es im Text heißt, liegt keine zwei Kilometer weiter unten im Tal. Wir gehen aber geradeaus in **Richtung Rautschhof**, auf den Stollengrundhof und weiter auf Mühlstein

zu. Die Rautschmühle, in der Hans als Müller arbeitete, muss hier am Bach ihre Arbeit getan haben. Am Wippersbach entlang führt uns die Fahrstraße durch den Wald leicht aufwärts und erlaubt dem Auge immer wieder den Blick auf den anstehenden rosa Granit des Grundgebirges. Bald lassen wir den Asphalt hinter uns und biegen über ein Brücklein leicht rechts ab, indem wir der gelben Wanderroute folgen. Den ersten Hof lassen wir unter uns liegen, wir sind inzwischen mittels einer längeren Wegkurve in offeneres Gelände eingetreten, das den Blick auf das Tal und die sonnige Gegenseite freigibt. In kurzer Zeit erreichen wir ein **Wildgehege**, das sich beiderseits des Weges entlangzieht, auch der Vogtbildstock erscheint jetzt als Hinweis auf den Wandertafeln. Der Weg biegt nun nach links oben, dem Gehege mit seinen bissgeschützten Bäumen folgend. Bald schon erreichen wir ein asphaltiertes Sträßchen, den Fahrweg zum Stollengrundhof nur wenig weiter hinten im Tal. Ein Bänkchen mit Aussicht lädt zum ersten Verweilen ein. Wenige Minuten später erreichen wir ein **Schnapsbrünnele** mit hochprozentigem

Inhalt: der Stollengrundhof offeriert seine Produkte. Wir steigen allerdings rechts über die Wiese zum nahen Waldrand hoch, dem **gelben Wanderzeichen** vertrauend. Wenn wir in den Wald eintreten, müssen wir ziemlich genau an der Stelle der Erzählung sein, wo sich Magdalena und ihr Hans zum Abschied ein letztes Mal treffen: im Stollengrund oberhalb des Stollenhofs. Ein alter Bildstock aus rotem Sandstein erinnert hier an den bizarren Tod des Vogts, Magdalenas Vater, auf den Tag genau 15 Jahre nach dem frühen Tod seiner Tochter. An der Stelle, wo sich seine junge Tochter und ihr Hans ein letztes Mal getroffen haben, ist der alte Mann auf eisigem Schnee gestürzt und ohne Hilfe jämmerlich gestorben. Welch ein Schicksal für einen Vater, der seine Tochter so unbarmherzig in den Tod getrieben hatte. *Hier ist der geweste Vogt Anton Muser von Mühlstein in den Schottenhöfen verfroren den 16. Merz 1800* lesen wir die alte Schrift. Sein Enkel hat ihm 60 Jahre später diesen Bildstock errichtet. Im letzten Teil der Erzählung berichtet unser Autor, Heinrich Hansjakob, wie ihn seinerseits der Urenkel des Klostervogts Anton Muser im Jahr 1891 zu eben diesem Bildstock geführt hat. Nachdenklich verlassen wir unsererseits diesen dunklen Ort und steigen nun weiter aufwärts durch den Wald, nach der Wanderraute suchend, dem Mühlstein zu. Auch hierbei gehen wir auf den Spuren unserer Erzählung, denn der Öhlerjoken Hans begleitet seine Magdalena an jenem Oktoberabend des Jahres 1784 bis zum Flacken, dessen Hof wir unter uns liegen sehen, wenn wir zur Haldeneck hochsteigen. Hans steigt ins Tal zurück, Magdalena klagt ihr Leid an der Stelle, die heute auf dem Hansjakobweg an ihr Lied erinnert. Wir sind auf dem **Haldeneck**. Weit schweift unser Blick über das Nordrachtal nach Nord-Westen zur Rheinebene, die mit Nebelschwaden zugedeckt scheint, über das Kinzigtal im Westen bis zum Brandenkopf im Süd-Osten hinter dem nahen Harmersbacher Tal. Trotz traurig stimmender Erinnerung eine schöne Stelle.

Wir gehen weiter den Weg, den auch Magdalena gegangen ist, am nahen Waldrand entlang und im Bogen der heutigen Straße zum Hof ihres strengen Vaters. Die **Gaststätte Vogt auf Mühlstein** hat seit einigen Jahren wieder geöffnet, und wir treten über die knarrende Holztreppe hoch in die Bauernstube ein und platzieren uns am runden Tisch unter dem Herrgottswinkel gerade Aug in Aug mit dem Verfasser unserer Erzählung, der neben dem braunen Kachelofen und seinem Liebespaar Magdalena und Hans in Bildform an der Wand hängt. Schon etwas angedunkelt, aber immerhin erkennbar. Wie vieles an der Einrichtung an die Erzählung erinnert, an Theateraufführungen in Nordrach und Zell, und in der zweiten Stube blicken wir dem Klostervogt Anton Muser direkt ins Auge, in der Ahnengalerie der Familien auf Mühlstein. Streng schaut er auf uns herunter, wie wir ihn uns nach der Erzählung vorstellen, bevor er selbst zum Schluss einsehen muss, dass seine patriarchalische Unnachgiebigkeit seine Tochter in den frühen Tod geführt hat.

Der **Mühlstein**, den wir nach zwei gemütlichen Wanderstunden erreicht haben, eignet sich bestens für eine Mittagspause, zum Beispiel mit Rühreiern und Speck samt Bauernbrot. Wem's noch nicht genug ist, dem bringt die eifrige wie selbstbewusste Wirtin noch einen Feuerwehrkuchen mit Kaffee.

Und dann geht's weiter, auf den zweiten Teil des Weges, ebenso schön und aussichtsreich wie der erste, vielleicht noch etwas schöner, denn es geht bergab. Wir sind jetzt auf dem **Hansjakobweg**, auf dem breiten Grat zwischen dem Nordracher und dem Harmersbacher bzw. Hambacher Tal. Gerade im ersten Abschnitt blicken wir in die Täler hinein, auch weit darüber hinweg in die mittlere Ferne, und die verschiedenen Nuancen der Farbe Grün erfreuen unser Auge und unser Herz. Bei klarem Wetter ist die Sicht nach Westen frei bis zur dunklen Linie der Vogesen. Links öffnet sich der Blick für den einen oder anderen der sogenannte Schottenhöfe, rechts werden die großen Bauernhöfe zwischen Zell und Nordrach immer augenfälliger. Bald sehen wir den Weiler Lindach unter uns liegen, und eine der Hinweistafeln auf dem Hansjakobweg lässt uns wieder in das Schicksal der blutjungen Magdalena Einblick nehmen: Wir sind jetzt direkt oberhalb des ehemaligen Hermeshofes, den damals der reichste Bauer des Tales bewirtschaftete, Ulrich Faist, der sogenannte Hermesbur. Er war es, der als steinreicher älterer Witwer um die Hand der Tochter des Anton Muser, des Vogts auf Mühlstein, angehalten hatte. Und trotz ihres heftigen Widerstandes, ziemlich ungewöhnlich im damaligen ländlichen Milieu, musste sie ihn schließlich heiraten. Die Tafel erinnert den kundigen Leser an den Hochzeitsabend auf dem Hof, als die selbstbewusste junge Frau sich vor ihren Mann hinstellte und ihm klar und eindeutig erklärte: *Ich werde dir die erste Magd auf deinem Hof sein, still und fleißig, aber nie dein Weib.* (S. 87) Und zwei Monate später war sie tot.

Wenn wir schon fast die Höhe des Nordracher Talbodens erreicht haben, stoßen wir zur Linken auf eine Radiumquelle, die weit über das Tal hinaus

Zell am Harmersbach.

als Heilwasserbrunnen bekannt ist. Eine Radiumquelle, die laut erklärender Tafel alle Gebrechen der älter werdenden Welt zu heilen bereit ist.

Bevor wir aus dem alten Eichenwaldbestand heraustreten, bietet uns die Natur ein besonderes Bild: Die Bäume umgeben unseren Blick auf die freie Reichsstadt Zell wie ein grüner Rahmen um ein wunderbares Stück Natur. Ein Bild wie aus einer anderen Zeit. Wir sind vielleicht noch ein bis zwei Kilometer vom Städtchen entfernt. Durch die Felder schlängelt sich unser Weg bis an den Stadtrand, ein größeres Neubauviertel ist noch zu durchqueren, ein Schulzentrum an der Straße, und wir stehen am Eingang zum **Friedhof von Zell**, dem Friedhof „Unter den Eichen". Dies ist auch unsere letzte Station auf dem Weg durch die Erzählung *Der Vogt auf Mühlstein*. Wir stehen, fast an der Kirchenwand, am Grab der Magdalena Faist, geb. Muser, der Tochter des Vogts auf Mühlstein. *Und als die Leute aus dem Kirchhof herausgingen nach der Beerdigung,* schreibt Hansjakob, *da meinte manch alte Bürin: ‚Man sollte eben nie ein Kind zwingen zum Heiraten', und alles sprach von der armen Magdalena, die so jung und elend ihr Leben endigen musste.* (S. 92)

Die Stadt Zell kümmert sich seit Jahren um das Grab der Magdalena. Ob allerdings die so verzweifelt Verstorbene damit einverstanden gewesen wäre, dass ihr Ehemann Ulrich Faist heute in pompöser Grabstätte neben ihr zum Liegen gekommen ist, kann tunlichst bezweifelt werden.

Thomas Strittmatter – Viehjud Levi

Auf dem Heimatpfad in St.Georgen im Schwarzwald

Thomas Strittmatter – Viehjud Levi

Auf dem Heimatpfad in St. Georgen im Schwarzwald

Der Dramatiker Thomas Strittmatter wurde nur dreiunddreißig Jahre alt. Er starb 1995. Gebürtig war er aus St. Georgen im Schwarzwald, wo heute das Thomas-Strittmatter-Gymnasium an ihn erinnert. Seine Schwarzwälder Heimat steht im Zentrum des Theaterstücks *Viehjud Levi*, dem wir auf dem sogenannten St. Georgener Heimatpfad begegnen wollen. Eine eher leichte Wanderung in einer schönen Landschaft auf 900 m Meereshöhe rund um St. Georgen.

Thomas Strittmatter

Einer der begabtesten Autoren der jüngeren Generation wurde nur 33 Jahre alt. Thomas Strittmatter, geboren am 18. Dezember 1961 in St. Georgen im Schwarzwald-Baar-Kreis, besuchte das dortige Gymnasium, das heute nach ihm benannt ist. Sein künstlerisches Werk umfasst neben einem Roman, einigen Theaterstücken und Drehbüchern auch Gemälde, Zeichnungen und Erzählungen. Über die Akademie der Bildenden Künste in Karlsruhe zog es ihn ans Volkstheater München und schließlich nach Berlin, wo er 1995 überraschend starb.

Die Geschichte

Ein kurzes Stück. Eine Handvoll Personen. Ort der Handlung: irgendwo im Schwarzwald, vielleicht bei St. Georgen, wo Strittmatter zu Hause war. Zeit: die dreißiger Jahre, vor dem Zweiten Weltkrieg. Hitlers NSDAP hat seit einigen Jahren die Macht im Land. An dem jüdischen Viehhändler Levi und dem Bauern Horger wird gezeigt, wie Menschen ihr Verhalten ändern müssen, wenn die Mächtigen im Land dies wollen. Die Geschichte kann in wenigen Worten erzählt werden. Wegen eines maroden Tunnels der Schwarzwaldbahn kommen Bauarbeiter und ein Ingenieur aus der fernen Reichshauptstadt Berlin in den Schwarzwald. Der Viehhändler Levi kann keine Geschäfte mehr machen, weil die Bahnleute das Vieh des Bauern Horger aufkaufen. Und dem Bauern wird gezeigt, dass der freundschaftliche Umgang mit Juden unerwünscht und für ihn selbst geschäftsschädigend ist. Schließlich wird Levi in der abschließenden Gasthofszene bedrängt und bedroht. Strittmatter bietet drei Schlussbilder an: Der Jude wird tot aufgefunden, mit einer Kugel im Kopf. Der Polizeibericht schließt auf Selbstmord. Oder hat ihn doch jemand erschossen? Kurz danach wird auch der Bauer Horger in einem Bahntunnel vom Zug erfasst und getötet. Ein Unfall? Die

Bäuerin Kresenz Horger kommt einige Jahre später in den Flammen eines brennenden Gasthofes um, obwohl sie sich eigentlich hätte retten können.

Der Freiburger Filmemacher Didi Danquart hat aus dieser Geschichte einen Film gemacht. Er hat das Inventar der Personen erweitert. So hat er eine Liebesgeschichte hinzugefügt, eine Dreiecksgeschichte: die Tochter des Horgerbauern wird vom Außenseiter und arbeitslosen Lebenskünstler Paul und vom Viehhändler Levi umworben. Eine zweite Liebesgeschichte beleuchtet den Charakter des Berliner Ingenieurs. Die Figuren werden insgesamt differenzierter gezeigt als im Theaterstück, das aus wenigen Fragmenten besteht. Der Kern der Geschichte bleibt allerdings erhalten. Auch im Herzen des Schwarzwalds reagieren Menschen wie Menschen und erliegen der Macht der Mächtigen. Unwiderstehlich: der Schauspieler Bruno Cathomas in der Rolle des Viehhändlers Levi. Anderer Hauptdarsteller: die Schwarzwaldlandschaft. Danquart hat den Schluss geändert. Die Tochter des Horgerbauern rettet Levi in der Gasthofszene. Danach verschwindet Levi im Schlussbild mit seinem Gefährt im Dunkel der Nacht. Lange zu erkennen die roten Rücklichter, bis auch sie von der Dunkelheit verschluckt werden. *Hoffnungsvoll* heißt das letzte Wort des Drehbuchs. Der Zuschauer denkt dabei auch an anderes.

Auf dem Heimatpfad in St. Georgen

Charakter/Länge/Gehzeit
Für diese verkürzte Variante des St. Georgener Heimatpfades muss bei ca. 11 km Strecke mit einer Gehzeit von 3,5 Stunden gerechnet werden. Höhenunterschiede gering: zwischen 825 und 940 m ü. NN. Eine relativ leichte Wanderung.

Markierung
Der St. Georgener Heimatpfad ist an unterschiedliche Wanderwege angelehnt, ist aber immer wieder mit eigenem Wanderschild vertreten, wo unter dem Titel „St. Georgener Heimatpfad" auf ihn verwiesen wird.

Einkehrmöglichkeiten
In St. Georgen selbst.

Anfahrt
St. Georgen ist mit der Schwarzwaldbahn aus Richtung Offenburg wie aus Richtung Konstanz erreichbar. Da unser Ausgangspunkt für die Wanderung auf dem St. Georgener Heimatpfad an der Schramberger Straße (L 175) am nordwestlichen Ortsrand bei Tennisplätzen und Tennishalle liegt, ist die Nutzung eines

Pkw fast einfacher. Einfahrt auf einen Wanderparkplatz wenige Meter neben der Einfahrt zum Bildungs- und Sportzentrum.

Wandersaison
Ganzjährig begehbar.

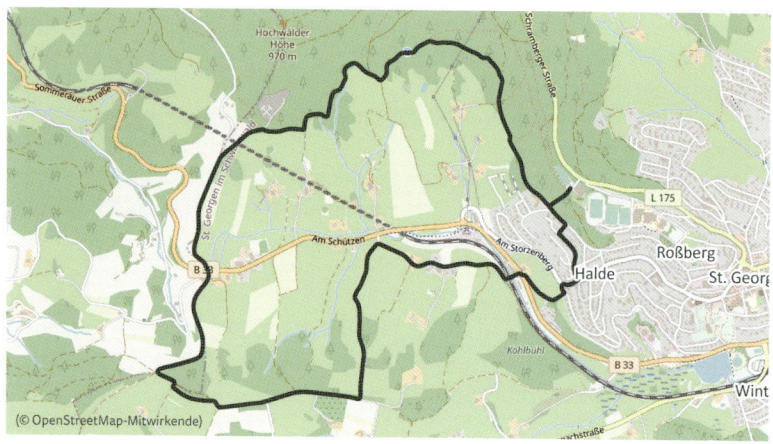

Unser Weg

Aller Anfang ist schwer. Wo steigen wir in den St. Georgener Heimatpfad ein? Denn da, wo wir den Beginn unserer Wanderung setzen wollen, am ehemaligen Krankenhaus, entsteht gerade ein größeres neues Stadtgebiet. Das Fahrzeug haben wir auf dem kleinen **Wanderparkplatz** neben Tennishalle und Tennisplätzen gelassen und sind durch einen schmalen Waldstreifen abwärts auf den Wanderweg beim neuen Altenpflegeheim, dem **St. Lorenzhaus**, getroffen. Nachdem auch die Absperrungen der Baufirmen erfolgreich bewältigt sind, können wir Umleitungen hinter uns lassen und den ersten Wegabschnitt im Nordwesten von St. Georgen, auf ca. 900 m Meereshöhe, angehen. St. Georgener Heimatpfad, lesen wir auf den neugefertigten Wanderschildern. Was ist Heimat? Wo beginnt sie? Im Vorwort zum *Viehjud Levi* verweist Thomas Strittmatter auf den von ihm auch drucktechnisch herausgehobenen Begriff HEIMAT. Und mit dieser Geschichte geht es ihm um eine *Annäherung an die Vergangenheit*, an Geschehnisse, an die man gemeinhin gerade nicht denkt, wenn man von Heimat spricht. Dieser gefühlsbetonte Begriff möchte, dass Erinnerung stillsteht und die Wirklichkeit so bleibt, wie unsere Erinnerung sie positiv geformt hat, Leben aber heißt Veränderung. Thomas Strittmatter erzählt von Menschen seiner Heimat, die sich nach der Machtergreifung Hitlers verändern

in ihrem Verhalten zu ihren Mitmenschen, und zwar so, dass wir uns nicht gerne daran erinnern. Gehört auch dies zur Heimat?

Wir befinden uns unmittelbar am Waldrand, einige Bänke laden zum Verweilen ein, unterhalb von uns mächtige Bauernhöfe, die sogenannten Glashöfe, die vermuten lassen, dass hier in früherer Zeit Glas gemacht wurde. Unser Blick fällt schon auf die gegenüber liegende Talseite mit der Sommerau, wo der junge Thomas Strittmatter Kindheit und Jugend verbrachte. Die vielbefahrene Bundesstraße 33, die das breite Tal durchquert, bleibt den Blicken zunächst verborgen. Der erste Abschnitt des sogenannten Heimatpfades ist für die Augen eine der schönsten Strecken dieser Wanderrunde: Wir gehen, meist am Waldrand durch lichten Laub- und Fichtenwald, werden von erklärenden Holztafeln des Heimatpfades geleitet und schauen in die offene Landschaft gen Süden. Hinter dem Silberbrünnele, einem schmalen Rinnsal, werden wir über die Wasserversorgung der Gehöfte informiert, die den Gesteinswechsel in der Landschaft nutzen: Granit und Gneis des Grundgebirges zwingen das Wasser als Quellen das Erdreich zu verlassen, nachdem sie den durchlässigen aufliegenden Buntsandstein durchquert haben, der hier die Waldgrenze bildet. Wir sind auf dem Christian-Trautwein-Weg mit dem gelben Rhombus als Markierung, und gleichzeitig weisen die neuen Wanderschilder ausführlich auf den St. Georgener Heimatpfad mit einer Länge von 16 km als „Paradiestour" hin. Auf unseren Start zurückblickend, sehen wir jetzt das neue Baugebiet und das mächtige Gebäude des Pflegeheims schon eine knappe Wanderstunde hinter uns. Rund 40 m unter unseren Füßen unterquert die Schwarzwaldbahn im Sommerautunnel mit 1700 m Länge unseren Wanderweg. Wir erinnern uns: Um den Sommerautunnel zu sanieren, sind im *Viehjud Levi* Bahnarbeiter und ein Ingenieur der Reichsbahn aus Berlin gekommen, einschließlich ihrer Nazi-Ideologie der dreißiger Jahre, was dazu führt, dass die einheimische Bevölkerung ihr Verhalten gegenüber dem Viehhändler Levi radikal verändert. Er wird zum Außenseiter gemacht, von dem sich die ehema-

ligen Freunde abgrenzen. Im Übrigen gilt die Schwarzwaldbahn als „Mutter aller Gebirgsbahnen", da es ihrem Ingenieur Robert Gerwig ein halbes Jahrhundert zuvor gelungen war, den beträchtlichen Höhenunterschied zwischen Hornberg und eben St. Georgen mit raffinierter Schleifenkonstruktion zu überwinden. Eine technische Meisterleistung. Unser Weg führt uns nun leicht abwärts auf freiem Gelände auf die Bundesstraße zu und gibt auch den Seitenblick frei auf St. Georgen und die Sommerau. Beim ehemaligen **Gasthof Schützen** und der verkehrsreichen Straße bewegen wir uns im Bereich der **Passhöhe Sommerau**, diesem seit 1500 nachgewiesenen Übergang vom katholischen habsburgischen Vorderösterreich zum protestantischen Württemberg. Gleichzeitig gehen wir über einige Kilometer an einer Landschaftsgrenze entlang, die dem kundigen Betrachter ins Auge fällt. Im Osten mit St. Georgen haben wir die flach gewellte Donaulandschaft vor uns mit der jungen Brigach und ihrem Einzugsgebiet, während im Westen rechts neben uns die tief eingeschnittenen Täler der Rheinzuflüsse die Landschaft prägen. Der weitere Wegverlauf, auch südlich der Bundesstraße, erlaubt uns, die europäische Hauptwasserscheide zwischen Nordsee und Schwarzem Meer sinnlich zu erleben. Die nach Westen abfließenden Wasser erreichen schon 25 km weiter mit der Kinzig eine Meereshöhe von 250 m, östlich von uns gelangen die Wasser von Brigach und Donau erst nach etwa 700 km auf die gleiche Meereshöhe kurz vor Wien. Die dabei wirkende unterschiedliche Erosionskraft hat zwei unterschiedliche Landschaften geformt.

Der steinige Wanderweg steigt jetzt etwas an und führt uns nach einem knappen Kilometer zur sogenannten **Langen Gasse**, die links abbiegt. Wir verlassen jetzt den Heimatpfad, der weiter nach Süden führt und über den **Kesselberg** und am Ortsteil **Brigach** vorbei den Weg nach **St. Georgen** findet. Wir hingegen folgen der Langen Gasse, möglicherweise der ältesten Verbindung nach Triberg hinunter. Wechsel von Waldflächen und offenem Feld, eine schmale lange Gasse. Die Macher der Filmgeschichte haben diesen Weg genutzt, um die eine oder andere

Szene der Geschichte hier zu drehen. Levi mit seinem Pferdewagen begegnet auf schmaler Landstraße dem Lkw der Bahnarbeiter. Wer wird ausweichen? Als die Bahnarbeiter Gas geben, scheut Levis Pferd. Einmal, zweimal. Dann treibt Levi sein Pferd auf die Seite. Nachdenklich schaut er ihnen hinterher. Den ersten Kampf habe er verloren, heißt es in Didi Danquarts Drehbuchfassung.

Wir folgen der Langen Gasse bis zum Abzweig nach Sommerau. Der asphaltierte Weg bringt uns wieder hinunter in den Talgrund, wo wir kurz vor der Bundesstraße dem Weg **Im Grund** folgen. Rechts ab. Zwischen Getreidefeld und abgemähter Wiese geht es auf einige Häuser zu, **Sommerau**, Thomas Strittmatters eigentliche Heimat. Ein eher stiller junger Mensch sei er gewesen, schon in frühen Jahren sehr belesen, erzählt ein ehemaliger Lehrer über seinen Schüler. Und wer in Sommerau aufgewachsen sei, war nicht in der eigentlichen Stadt St. Georgen zu Hause. Beim Weitergehen kommen wir an der G. Strittmatter-GmbH vorbei, einem feinmechanischen Betrieb. Schon nähern wir uns den Gleisen der Schwarzwaldbahn, die unterhalb der Häusergruppe im Sommerautunnel verschwindet.

Der Rest der Wanderung ist schnell erzählt. Wir überqueren die Gleise, den warmen Asphalt der B 33, über die Straße **Am Stolzenberg** den Hang aufwärts und eine Straße linkerhand sehen wir bald das **Pflegeheim St. Lorenz** vor uns. Durch den Waldstreifen oberhalb steigen wir auf den Ausgangspunkt unserer Wanderung „Auf dem St. Georgener Heimatpfad" zu. Heimat, die sich auch in den letzten dreißig Jahren verändert hat und weiter verändert. Wie das Leben.

Klosterweiher

Saison von Pfingsten bis Mitte September

Marie Luise Kaschnitz – Beschreibung eines Dorfes

Rund um Bollschweil bei Freiburg

Rund um Bollschweil bei Freiburg

Es ist ein ganz besonderes Stück Literatur. Wenige Texte in deutscher Sprache sind so schön wie Marie Luise Kaschnitz' *Beschreibung eines Dorfes* aus dem Jahr 1966 und machen gleichermaßen Lust, diese Landschaft mit eigenen Augen zu sehen.

Die Wanderung führt uns rund um den Ort Bollschweil im Hexental südlich von Freiburg, zwischen Schwarzwald und Markgräflerland. Für diese einfache Wanderung setzen wir drei bis dreieinhalb Stunden Gehzeit an, größere Höhenunterschiede gibt es nicht. Da wir aber mehrfach auch stehenbleiben werden, wird, mit einer Mittagspause aus dem Rucksack, daraus eine spannende und inspirierende Ganztagestour. An den Haltepunkten lassen wir den wunderschönen, sehr poetischen Text der Kaschnitz sprechen, während wir als Wanderer und Leser dem Blick und den Gedanken der Dichterin folgen. Gleichzeitig erschauen wir die Veränderungen in Dorf und Landschaft, mehr oder weniger, seitdem die Ehrenbürgerin von Bollschweil ihre *Beschreibung eines Dorfes* vor einem halben Jahrhundert niedergeschrieben hat.

Marie Luise Kaschnitz

In ihrem Leben war die Dichterin Marie-Luise Kaschnitz in vielen Städten und Ländern zu Hause. Was vor allem an ihrer Ehe mit dem Wiener Kunsthistoriker Guido Freiherr von Kaschnitz-Weinberg lag, den sie als 24-jährige Buchhändlerin 1925 heiratete. Geboren war sie am 31. Januar 1901 als Tochter des preußisch-badischen Generals Max von Holzing-Berstett und seiner Frau Elsa Freiin von Seldeneck in Karlsruhe und aufgewachsen in Potsdam und Berlin. Viele Jahre ihres Lebens kam sie aus Rom, aus Frankfurt, Königsberg oder Athen immer wieder zurück in die Heimat ihrer Eltern, nach Bollschweil im Breisgau, das sie als ihr Dorf empfand, in dessen Kirche sie ihren Mann geheiratet hatte und wo sie auch im Familiengrab auf dem dörflichen Friedhof begraben ist. Für ihre Romane, Biografien, Kurzgeschichten, Essays und Lyrikbände erhielt Marie Luise Kaschnitz höchste literarische Anerkennungen: Für nicht wenige ist sie die wichtigste deutsche Nachkriegsdichterin. Sie starb in Rom am 10. Oktober 1974.

Marie Luise Kaschnitz

Der literarische Text

Eines Tages, vielleicht sehr bald schon, werde ich den Versuch machen, das Dorf (Bollschweil) zu beschreiben. (Kap. 1, S. 9)

Marie Luise Kaschnitz hat sich in der Beschreibung ihres Dorfes schließlich auf 21 Kapitel festgelegt, nach *seit Jahrzehnten immer wieder auftauchenden Überlegungen* (*Gesang eines Dorfes*, in: Engelsbrücke, 1959). Die biblische Schöpfungsgeschichte spricht von sieben Tagen für die Erschaffung der Welt, die Dichterin wird ihre Welt in drei Mal sieben Tagen beschreiben. Ein Zufall? Vielleicht. Wichtig ist ihr *die Spannung zwischen dem Individuum und der alles überlebenden Erde*, wie sie im gleichen Text formuliert. Und so schafft sie ein Mosaik aus vielem, was zwischen Mensch und Landschaft zu beobachten ist: die große Landschaft zwischen Vogesen und Schwarzwald, Bäche, Gras und Wiesen der näheren Umgebung, Geräusche und Gerüche, die Wege im Tal und das Kalkwerk im Hintergrund, das alte Gasthaus und den erhängten Polen, die Kirche St. Hilarius und ihre Vertreter, und immer wieder das *Haus Nr. 84*, ihr eigenes Zuhause. Im letzten Kapitel versucht sie den Sinn ihrer Beschreibung zu fassen: *... warum ich das alles angefangen habe, diese Schilderung eines Dorfes, doch nur um Ruhe zu finden, um entlassen zu werden aus der furchtbaren Beschleunigung, aber man wird nicht entlassen, auch hier nicht, gerade hier nicht, Veränderung über Veränderung ...* (Kap. 21, S. 72)

Und warum schreibt sie dies alles im Futur, in der Zeit des Zukünftigen, noch nicht Wirklichen? Vielleicht weil sie spürt, dass sie damit das Unfertige, noch nicht Endgültige ihres Schaffens mit hineinnimmt, den *Versuch*, von dem sie auch nach langem Überlegen nicht weiß, wie er dichterisch festgehalten werden könnte.

In Form und Sprache ist ihr, ungeachtet ihrer eigenen Bedenken, ein außergewöhnliches sprachliches Kunstwerk gelungen. Man muss es einfach als Ganzes lesen. Und man sollte dann auch das Dorf sehen.

Hexental in Bollschweil.

Rund um Bollschweil im Hexental bei Freiburg

Charakter/Länge/Gehzeit

Einfache Wanderung auf Naturwegen und Asphalt. Reine Gehzeit 3 bis 3 ½ Stunden. Nur geringe Höhenunterschiede; Bollschweil liegt 328 m ü. NN. Der Rundweg bleibt immer in Sichtweite des Ortes und führt durch Wiesen und an Feldern und Reben vorbei, kaum Waldberührung. Länge: 8,6 km

Markierung

Als Rundweg ist er nur stellenweise markiert, mit einer kleinen Holztafel „Rundweg". Sonst folgen wir öfter dem gelben Rhombus des Schwarzwaldvereins zum nächsten markanten Punkt.

Einkehrmöglichkeiten

Das in der Ortsmitte gelegene genossenschaftlich organisierte Dorfwirtshaus „Bolando" öffnet erst ab 17 Uhr, nur an Wochenden/Feiertagen ab 12 Uhr. Die Stuben-Strauße im Weingut Mangold ist nur zeitweise offen, im März/April und Oktober/November.

Anfahrt

Wer über die A 5 anreist, nimmt von Norden her die Ausfahrt Freiburg-Süd und nähert sich Bollschweil über die B 3 zunächst bis Wolfenweiler, dann geradeaus über Pfaffenweiler, Ehrenkirchen bzw. Kirchhofen, links ab am Ortsanfang (Kreisel), und Ehrenstetten ins Hexental nach Bollschweil. Von Süden her verlässt man die A 5 bei der Ausfahrt „Bad Krotzingen" bis zur Ortsumfahrung Bad Krotzingen, dann kurz nach Norden über die B 3 bis zur Abzweigung Ehrenkirchen und durch die beiden Ortsteile weiter nach Bollschweil. Von Freiburg herkommend gibt es den direkten Fahrweg über Merzhausen, Wittnau und Sölden. Mit der Bahn ab Freiburg Hbf mit dem Bus bis Bollschweil.

Wandersaison

Die Wanderung ist aufgrund ihres einfachen Charakters und der niedrigen Höhenlage grundsätzlich ganzjährig durchführbar. Die schönsten Jahreszeiten sind wie so oft Frühjahr und Herbst.

Unser Weg

Immer der Sonne entgegen, heißt unsere Devise heute Morgen. Vom Parkplatz am Ende des **Kuckucksbadweges** („Nur Mitarbeiter") in Richtung **Kalkwerk** führt eine geteerte Straße rechts hoch, linker Hand an einer modernen „Fabrikantenvilla" vorbei. Wir müssen jetzt genau formulieren: rechter Hand

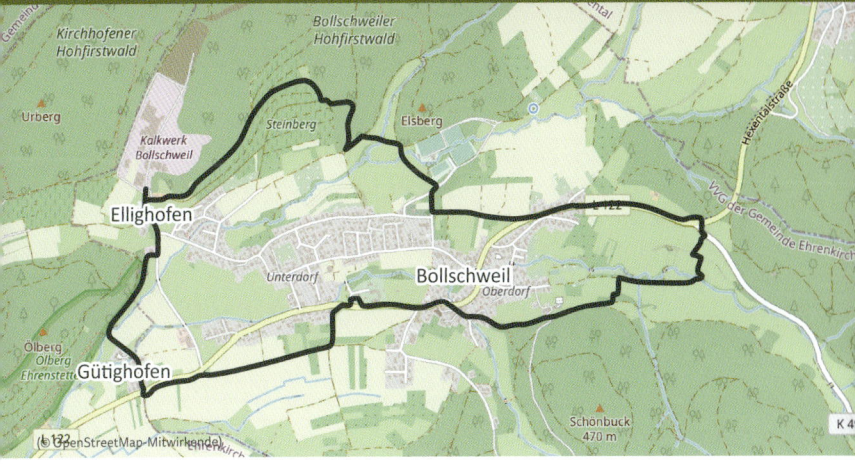

Kirchhofener Hohfirstwald

Bollschweiler Hohfirstwald

Urberg

Kalkwerk Bollschweil

Steinberg

Elsberg

Ellighofen

Unterdorf

Bollschweil

Oberdorf

Olberg Olberg Ehrenstett

Gütighofen

Schönbuck 470 m

© OpenStreetMap-Mitwirkende

üppige Maiwiesen, einige alte Obstbäume, dann verlassen wir das geteerte Sträßchen geradeaus auf den Rebberg zu, leicht ansteigend. Wir gehen jetzt auf fester und staubiger Erde. Margeritensträuße recken sich dem Wanderer entgegen, Kalk schimmert hell und braun durch das Gras. Schon nach wenigen Minuten liegt Bollschweil in seinem Talgrund unter uns, von den Schwarzwaldhöhen grüßt der Schauinslandturm.

Am überdachten Grillplatz, schon mitten im Rebberg, dem Bollschweiler Kirchturm gegenüber unten im Tal, ein erster Überblick. Wir sind gleich mitten in der Beschreibung von Marie Luise Kaschnitz, nicht mit der Vogelschau, wie sie im ersten Kapitel vorschlägt, aber immerhin.

An meinem elften Arbeitstag werde ich ... eine Karte zeichnen, das Dorf, wie es zwischen den Abhängen des Schwarzwaldes und den Ausläufern des beim Einbruch des Rheintals vom Schwarzwaldmassiv abgestürzten Schönbergs liegt. Mitten im Tal werde ich den langgezogenen Hügel andeuten, und zwischen Hügel und Kohlwald das kleine Tal, durch das der Eckbach fließt
ich werde deutlich machen, daß, wer von Westen, also vom Unterdorf kommt, das sogenannte Kuckuckbad ... zur Linken hat, während diesem Bergaufwandernden zur Rechten die schon erwähnten weiten Wiesen mit den Reiseschwalben und das die Wanne genannte, vom Gärtner gespachtete große Gemüseland liegen (...) mit einer grasbewachsenen, von einer Hecke gekrönten Böschung zur Linken, dann mit den Gartenmauern des Hauses Nr.84, dann wieder mit einer Böschung von ähnlicher Art daß man sich auf solche Weise, auf meiner Karte und in Wirklichkeit, dem eigentlichen Dorfkern nähert, dem alten Schulhaus und jetzigen Rathaus, dem neuen freundlichen Schulhaus und der Kirche, die sich auf einem ziemlich steilen Hügel zur Rechten erhebt. (Kap. 11, S. 40/41)

Das *Haus Nr. 84*, das Schloss, wie es seit langem heißt, ist von hier oben nur mehr andeutungsweise sichtbar, versteckt unter einer mächtigen Baumkuppel. Hier hat Marie Luise Kaschnitz gelebt, es ist seit dem Ersten Weltkrieg der Familiensitz, das Elternhaus dieser badisch-preußischen Familie. Vor dem Oberdorf erkennt das inzwischen geschärfte Auge den Friedhof von Bollschweil, letzte Ruhestätte der Dichterin. Wenn wir die „Bollschweilrundweg-Tour-Karte" aus dem Internet zur Hand nehmen, können wir zudem unseren Rundweg fast vollständig überblicken.

Das Dorf in Stadtnähe zu Freiburg hat sich verändert, ist größer geworden in den letzten 50 Jahren seit Erscheinen dieses Textes. Unterdorf und Oberdorf sind miteinander verbunden: neue Häuser im Vordergrund. Gut zu erkennen die neue Grundschule, die nach ihr bezeichnete Schule rechts neben der Kirche. Geräusche des Dorfes dringen zu uns hoch, und wir denken an Kapitel 7 der *Beschreibung*. Ganz nah im Weinberg arbeitende Traktoren, einige Sägen, Vogelgezwitscher auf allen Seiten, Grillen zirpen in den Talwiesen.

Wer von weiter angereist ist heute Morgen, der entscheidet sich hier vielleicht für ein zweites Frühstück aus dem kleinen Rucksack und überlegt sich dabei, ob er jetzt noch ein Stückchen höher steigt, bis auf den Kamm des Steinberges, um sich der „Vogelschau" der Dichterin anzunähern. Wir sind dann ganz nah am Steinbruch. Alternative: Geradeaus weiter leicht abwärts dem Teerweg folgen. Beide Wege sind überschaubar kurz; beim oberen Weg müssen wir dann am Waldrand steil abwärts steigen, um den Normalweg wieder zu erreichen.

Am Waldrand auf halber Höhe passieren wir ein verrostetes Eisentor, machen einen Bogen durch den Wald und erreichen im Nu einen breiteren Weg im Talgrund. Scharf links folgen wir dem **gelben Rhombus** des Schwarzwaldvereins,

Schloss Bollschweil (Haus Nr. 84).

queren nach einer herrlichen Margeritenwiese den Schulbach, in Sichtweite des neuen Sportplatzes, und folgen einem neuen **Wiesenweg** über den **Eckbach** auf die andere Talseite, hoch zum **Bollschweiler Friedhof**. Vor uns im Blick den Turm der Pfarrkirche, links ein Spielplatz, rechts neuer und alter Friedhof.

Am nächsten Tag, meinem achten Arbeitstag, werde ich über den Friedhof schreiben, über die kleinen Nummern auf den Gräbern, über die Namen, die sich immer wiederholen, Maier, Hermann, Mangold, Schmutz, Koch, Weber, Schweizer, Mörder, Gutgesell. Ich werde eine kleine Skizze zeichnen, in der Mitte das Grab eines alten Pfarrers und die vier (nicht mehr vorhandenen) Linden rechts am Ende des Querwegs die kleine Kapelle himmelblau ausgemalt und mit Sternen und links das Familiengrab der Bewohner des Hauses Nr.84, und die beiden schönen Trauerbäume, die an dieser Stelle die Mauer überragen ich werde versuchen, den Grabstein des alten Reiters (d. i. ihr Vater) wiederzugeben, Wappen und Helmzier, Dachsparren und Rosen und den springenden Steinbock im Wappen seiner Frau (...) auch den Grabstein dieses Schwiegersohnes werde ich zu zeichnen versuchen, seine fremdartig sich von dem roten Sandstein abhebenden parthenonischen Reitergestalten in ihrer ewigen Jugend und die Mauer, die der Herr Mattern (d. i. ihr Bruder), der Sohn des Reiters, um die Gräber der Familie gezogen hat und über die sich seine Schwestern, die zwei, die damals noch am Leben waren, sehr aufgeregt haben die aber jetzt schon mit wildem Wein und Rosen üppig und schön überwachsen und auch nicht so hoch geworden ist, wie es ursprünglich beabsichtigt war, so daß man über sie hinweg die Rheinebene und die Burg Staufen sehen kann, und die beiden roten Sandsteine ragen über sie hinaus. (Kap. 8, S. 29–31)

Das Familiengrab derer von Holzing und Kaschnitz finden wir sofort, vor der modernen Friedhofskapelle, an der Mauer: Am gewaltigen Grabstein der Eltern der Dichterin, im Zentrum der kleinen Anlage, werden die Wappen der beiden gerade mit Gold- und Silberfarbe erneuert, springen den Betrachter fast an. Der rote Sandstein über dem Grab des *Schwiegersohnes*, ihrem Mann Guido von Kaschnitz, zeigt auf einer Tafel zwei junge griechische Reiter, ein Hochzeitsgeschenk für die beiden: Kopie eines Reliefs vom Parthenontempel in Athen. Hier liegt seit 1974 auch die Dichterin selbst. Sie sah sich, in einem Gedicht für ihren früh gestorbenen Mann, als der zweite Jüngling, der dem ersten nachfolgt: er sei es, der ihr zu folgen bedeute.

Gleich hinter der Kalksteinmauer des Familiengrabes hat die Gemeinde einen Vers ihrer Dichterin in Stein gehauen aufgestellt: *Wohl denen die gelebt ehe sie starben* (aus dem Gedicht *Vater Feuerwerker* von 1955, geschrieben anlässlich der Wiederbewaffnung der BRD nach dem Zweiten Weltkrieg).

Wir wenden uns nun in Richtung Osten, zunächst am Spielplatz vorbei, später an einer Gärtnerei, bevor wir die Landstraße in Richtung Freiburg erreichen. Wieder führt uns der gelbe Rhombus: bis zur Haltestelle Abzweig St. Ulrich sind es 1,2 km. Am Ortsausgang weist ein Willkommensschild der Gemeinde Bollschweil auf den „Heimatort der Dichterin Marie Luise Kaschnitz" hin. Wir bleiben auf dem Gehweg und Radweg bis zur besagten Bushaltestelle. Es gilt nun, den Waldrand südlich des Oberdorfs zu erreichen. Abwärts zum Bach Möhlin queren wir eine leuchtende Frühsommerwiese, auf der anderen Bachseite geht es zunächst nach Westen auf das Oberdorf zu, schließlich am Zaun entlang zum Waldrand hoch, am Schluss steiler durch den schmalen Waldzipfel, bis wir einen breiten Waldweg erreichen: Hinweis „Bollschweil 0,8 km". Dabei taucht jetzt auch am Weg das eine oder andere „Rundweg"-Schild auf. Und immer zeigt uns der Bollschweiler Kirchturm den richtigen Weg, regelmäßig von der Stundenglocke unterstützt. Durch einen geteerten Hohlweg, gesäumt von stämmigen Buchen und Eichen, erreichen wir die ersten Häuser.

Wenige Minuten später stehen wir, am *Gwölbli* vorbei, vor dem alten bescheidenen Rathaus. *... dann das kleine Plätzchen ... die Milchhalle, das Spritzenhaus und das hübsche ehemalige Rathaus... Bei welcher Gelegenheit ich erzähle, dass die dritte Schwester des Herrn Matern (d. i. sie selbst) in dem hübschen, mit weißen Möbeln ausgestatteten Amtsraum standesamtlich getraut worden ist.* (Kap. 11, S. 42) Eine Plakette links der Tür weist darauf hin. An der Mauer des Pfarrgartens entlang steuern wir auf die Kirche zu und treten ein. In der *Beschreibung eines Dorfes* (in Kap. 19) nähert sich Marie Luise Kaschnitz der Kirche von der Straße her.

Der Kirche des Dorfes werde ich mich noch zuwenden, dieser kaum hundertjährigen Kirche, von deren Vorgängerin rätselhafterweise niemand auch nur vom Hörensagen weiß. Der steilen Treppe, die auf das Portal zuführt, den alten Grabsteinen und den Linden, in deren Schatten am Sonntag die Männer stehen, während die Frauen drinnen beten, auch fürs bucklige Männlein mitbeten, nur Geburt, Hochzeit und Tod sind die alten heiligen Stationen, da treten auch die Männer noch ein über den heiligen Hilarius werde ich sprechen, den Schutzpatron der Kirche, den vornehmen Bischof aus Poitiers vielleicht auch über die irischen und schottischen Mönche, die das

Christentum in den Breisgau brachten, den heiligen Trudpert, der beim Waldroden und Predigen im nahen Münstertal von zwei Knechten erschlagen wurde und den heiligen Ulrich (...) auch über das 1076 gegründete Frauenkloster in Bolisvilere, das 1105 nach Sölden verlegt wurde und über das im Tal einige skandalöse Geschichten umgehen über die Jünger am Ölberg, große ungeschlachte Gestalten im ehemaligen Kirchhof des Dorfes in eine künstliche Grotte gestellt, wo sie das Haupt auf die Brust neigen und schlafen ihren klotzigen Hoilzschlaf gegenüber einer einzelnen neuen Grabstätte, der des schon erwähnten früheren Pfarrers, der, weil er der Frau eines SS-Mannes das Sakrament der Ehe gespendet hat, nach Dachau gekommen ist und dort, angeblich durch eine Verstopfung seiner Lungen mit dem Staub der von Häftlingen gesammelten Heilkräuter, gestorben ist wobei wir uns schlafend stellten wie die hölzernen Jünger mit dem Haupt auf der Brust. (Kap. 19, S. 65–67)

Das Grab von Pfarrer Fränznick rechts vom Portal leitet uns zur Grotte mit den schlafenden Jüngern am Ölberg. Der betende Christus in Angst und die schlafenden Apostel, wo sie doch wachen sollten. Und von hier oben auf der Terrasse vor der Kirche, mit der Hausnummer 5, dem neuen Rathaus gegenüber, sehen wir jetzt, nur 300 m die Straße abwärts, das *Schloss*. Hier hat die Dichterin gelebt, hierher hat sie immer wieder zurückgefunden, mindestens einmal pro Jahr, wenn sie auch sonst in Frankfurt lebte oder in Rom sich aufhielt, hier spricht sie vom *Haus der Kindheit*, von *Heimat*. Groß ist dieses Haus, schön und stattlich, hufeisenförmig um einen lindenbestandenen Innenhof angelegt.

Die weißen Flügeltore stehen offen, als wir diesen Teil des Grundstücks betreten. Antiquitäten werden hier verkauft, ein Teil der Ställe ist Verkaufsraum, ein anderer sieht bewohnt aus. Ein zweites weißes Flügeltor führt links in das eigentliche Anwesen der Familien von Holzing-Berstett. „Vorsicht! Bissiger Hund" steht auf dem Tor. Der Hausherr, ihr Neffe, öffnet uns selbst und beruhigt uns. Dann bewegen wir uns vorsichtig auf dem Hof mit seinem Brunnen unter den vier Linden, mit dem eigentlichen Herrenhaus auf der einen Seite, an der Straße, dem Trottschopf und den ehemaligen Stallungen und dem Verwaltertrakt gegenüber. Davor der Untergarten mit seinen gepflegten Rasenflächen, den sorgsam hergerichteten Blumenrabatten, der zentralen Springbrunnenschale mit den beiden Steinputten.

In ihrer *Beschreibung* spricht Marie Luise Kaschnitz nur vom *Haus Nr. 84*, wie es genannt wurde, bevor Straßennamen diese Zählweise ersetzten. Der neugierige Besucherblick erlaubt nur das Schauen von außen, ganz wie die Autorin in ihrem Text ihr Vaterhaus auch nur von außen besieht, als scheue sie sich, weiter einzudringen. Dieses Haus ist das gedankliche Zentrum ihrer *Beschreibung*; es taucht bereits im ersten Kapitel auf, wird auch im weiteren Verlauf des Textes immer wieder angesprochen und im Kapitel 20 zum Ziel- und Endpunkt ihres Schreibens.

An meinem zwanzigsten Arbeitstag werde ich darüber nachdenken, warum ich das Haus Nr. 84 nicht beschreiben will, nur von außen, nicht eintreten, weder durch den Haupteingang
über die verfallene Terrasse ...
noch durch die Holzlege ...
noch durch die Hintertür ...
eben weil man das nicht weiß, weil man nichts weiß, alles nur von außen ...
(Kap. 20, S. 68/69)

Weiter geht unser Rundweg auf der anderen Seite der Straße. Vor dem ehemaligen Gasthaus Schwanen, mit einer kleinen Hinweistafel auf Marie Luise Kaschnitz versehen, ebenso wie eine an der Steinmauer um das *Haus Nr. 84* am gegenüberliegenden Mühlenweg, nehmen wir den Weg links in die Felder. Er führt uns, am Steinkreuz von 1859 auf der rechten Seite, parallel zur Straße etwa einen Kilometer bis Gütighofen, Ölberg-Kapelle und Rheinebene im Blick vor uns. Wir überqueren jetzt die Landstraße, der **gelbe Rhombus** mit dem Hinweis **Kuckucksbad** hilft uns wieder weiter, an den wenigen Häusern vorbei auf den Ölberg zu. Am Brückchen über den Eckbach ist ein Abstecher zu den Steinzeithöhlen (*Teufelsküche*!) möglich, etwa eine Viertelstunde Fußweg hin und ebenso zurück.

Und hier schließt sich unser Wanderkreis. Marie Luise Kaschnitz beginnt ihre *Beschreibung*: *...mit den Höhlen, die hoch oben am Ölberg liegen* (S. 9) und sie schließt ihr Büchlein im letzten Kapitel mit dem gleichen Ort. Fast beschwörend mahnt sie den Leser angesichts einer möglichen (atomaren) Katastrophe, welche die Landschaft wieder so verändern könnte, wie sie vor Tausenden von Jahren einmal ausgesehen haben dürfte.

... warum ich das alles angefangen habe, diese Schilderung eines Dorfes, doch nur um Ruhe zu finden, um entlassen zu werden aus der furchtbaren Beschleunigung, aber man wird nicht entlassen, auch hier nicht, gerade hier nicht, Veränderung über Veränderung... (Kap. 21, S. 72)

Und wir? Nachdenklich setzen wir unseren Weg am Waldrand des Ölberges fort und erreichen den Parkplatz am ehemaligen **Kuckucksbad**.

Bollschweil st. ulrich

Den Schwarzwald im Osten und die südlichen Ausläufer des Schönbergs im Westen — so präsentiert sich Bollschweil im Tal der Möhlin. Ihr Quelllauf prägt das idyllische Seitental des Ortsteils St. Ulrich mit dem ehemaligen Kloster, welches im 11. Jahrhundert durch Ulrich von Cluny gegründet wurde.

Folgt man dem Flüsschen in Richtung Haupttal, wird das ehemalige Bergbaurevier der Birchiburg gequert mit Relikten des frühmittelalterlichen Silberbergbaus.

Bollschweil selbst ist unsterblich geworden durch die Erzählung „Beschreibung eines Dorfs". Marie Luise Kaschnitz fand mit ihr eine präzise wie sensible Sprache zur Charakterisierung des Heimatorts und ihrer Jugend im Schloss Bollschweil. Das im Rathaus eingerichtete Marie-Luise-Kaschnitz-Zimmer widmet sich dem Leben und Werk dieser weltbekannten Dichterin mit einer vom Deutschen Literaturarchiv Marbach konzipierten Dauerausstellung. Manche Entdeckung wartet auf den Gast, der sich anschließend mit Buch und Eindrücken gestärkt das heutige Dorf erkundet.

www.bollschweil.de

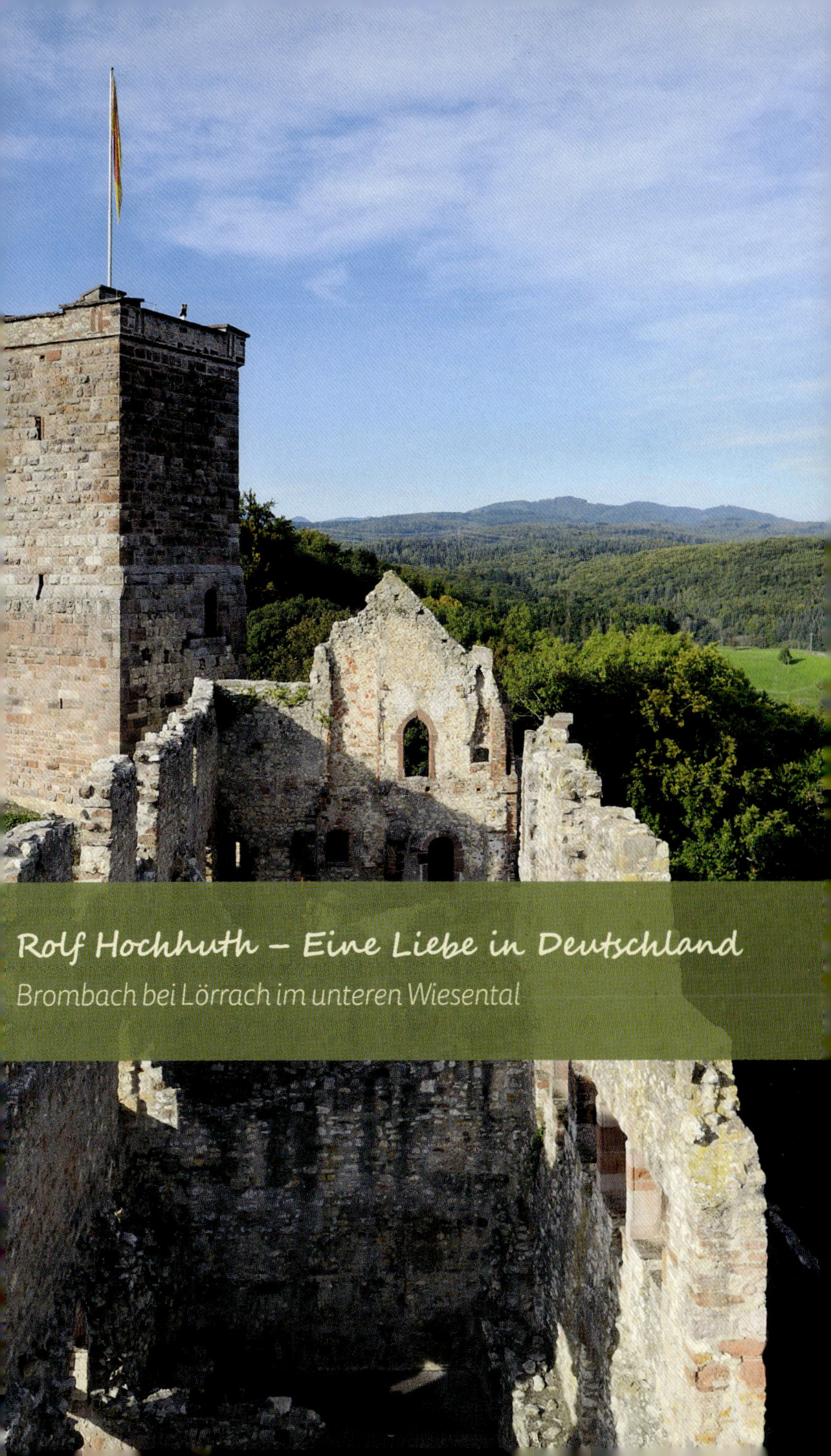

Rolf Hochhuth – Eine Liebe in Deutschland

Brombach bei Lörrach im unteren Wiesental

Rolf Hochhuth – Eine Liebe in Deutschland

Brombach bei Lörrach im unteren Wiesental

Als er im feindlichen Land ankommt, ist er gerade neunzehn. Als die Geschichte passiert, die hier erzählt wird, ist er gerade einundzwanzig. Und sie zweiunddreißig, und verheiratet, mit Kind. Sie ist Deutsche, und er ist Pole. Und wie viele Liebesgeschichten endet auch diese Geschichte nicht gut. Einige Monate später ist der junge Mann tot.

In Hochhuths Geschichte geht es um die Schwarzwälderin Pauline und ihren Geliebten, den polnischen Kriegsgefangenen Stasiek Zasada und auch um die Bevölkerung des Dorfes Brombach im Oberen Wiesental, unweit der Schweizer Grenze. Unsere Wanderung rund um das Dorf Brombach führt uns zu einigen Stätten dieser *Liebe in Deutschland* aus dem Jahr 1941. Wir sehen das Dorf aus unterschiedlichen Blickwinkeln.

Rolf Hochhuth

Rolf Hochhuth

Der am 1. April 1931 im hessischen Eschwege geborene Rolf Hochhuth ist einer der umstrittensten deutschen Theaterautoren und Schriftsteller seit den sechziger Jahren des letzten Jahrhunderts. Was besonders an der Auswahl der von ihm behandelten Themen liegt, die er in einer Art Dokumentartheater präsentierte. Der gelernte Buchhändler setzte sich dabei vor allem mit der nationalsozialistischen deutschen Vergangenheit auseinander, sei es in seinem Erstlingswerk *Der Stellvertreter* oder im Stück *Juristen* oder eben im Roman *Eine Liebe in Deutschland*. Hochhuth hat zeit seines Lebens politisch Stellung bezogen, dabei zahlreiche Debatten ausgelöst und teilweise heftige Gegnerschaft hervorgerufen. Er lebte die meiste Zeit in Berlin und in Riehen bei Basel in Nachbarschaft zum südbadischen Brombach, wo sein Roman *Eine Liebe in Deutschland* angesiedelt ist. Er starb 2020.

Die Erzählung

Wir sind im Frühsommer 1941. Der Zweite Weltkrieg hat 18 Monate vorher mit dem Überfall der Deutschen Wehrmacht auf Polen begonnen. Viele junge Polen werden noch im September 1939 zum Arbeitsdienst nach Deutschland geschickt. So auch der jetzt 21-jährige Stasiek Zasada aus Lodz, der im badischen Brombach bei Lörrach Dienst tut. Er wird der Geliebte der 35-jährigen Kleinladenbesitzerin Pauline Krop, die mit ihrem kleinen Sohn in der unmittelbaren Nachbarschaft wohnt. Ihr Mann ist Soldat in den inzwischen ebenfalls besetzten Niederlanden. Da die Polizeiverordnungen der NS-Zeit jegliche Beziehungen zwischen deutschen Frauen und Kriegsgefangenen strengstens untersagen, drohen den beiden Liebenden schwere Strafen. Die Liebesbeziehung wird durch Denunziation bald entdeckt. Schließlich wird der junge Stani im Brombacher Steinbruch durch Erhängen hingerichtet, der jungen deutschen Mutter wird Arbeitsdienst in einem Konzentrationslager verordnet.

Hochhuth macht es seinen Lesern nicht leicht, denn er erzählt nicht einfach seine Geschichte dieser wahren Begebenheit, sondern er erzählt auch, was er mit einigen Brombachern erlebt hat, als er sie über 35 Jahre nach dem Tod des jungen Kriegsgefangenen mit den damaligen Ereignissen konfrontiert. Nicht genug: Er versucht *eine Analyse der Geisteskrankheit (der damaligen Zeit) mitzuliefern* (S. 13), die zu solchen und ähnlichen *Tragödien* geführt habe. So wird seine auch heute noch packende Geschichte zu einem schwierigeren Leseabenteuer für den interessierten Leser. Wir sollten uns trotz der Aufsplitterung der chronologisch erzählten Liebesgeschichte nicht von dieser abhalten lassen. Sie lohnt die Mühe.

Der Schluss der Erzählung, der vor Ort am sogenannten Hösler Steinbruch gelesen werden sollte:

Aus dem Lörracher Gestapogefängnis wird der zum Tode verurteilte junge Pole schließlich nach Brombach gebracht, wo ihn viele Dorfbewohner und rund 400 Zwangsarbeiter als stumme Zuschauer erwarten. Ein polnischer Landsmann, der als Henker fungieren soll, begleitet ihn. Aus dem Dorf heraus wird er dann zum ein bis zwei km entfernten Steinbruch gebracht, wo die Hinrichtung stattfinden wird.

(Lektüre aus dem Schlusskapitel *Steinbruch*: S. 314 (*Doch nun fuhr der Wagen ...*) bis S. 319 Schluss. (H., Eine Liebe in D., Rowohlt, Hamburg, 1978))

Zur Filbinger-Affäre:

Hochhuths Erzählung ist politische Literatur mit Folgen. Sie greift ein Ereignis auf, das über lange Jahre von den Beteiligten und den politisch Verantwortlichen eher verdrängt wurde, nicht nur in Brombach. Als im Laufe des Jahres 1978 der damalige baden-württembergische Ministerpräsident Hans Filbinger mit den

Recherchen Hochhuths zum Verhalten deutscher Richter während des Krieges und danach konfrontiert wurde, wollte er sich nicht mehr an von ihm ergangene Todesurteile erinnern. Schließlich musste er, vor allem wegen seines Umgangs mit den ihn mehr und mehr belastenden Medienberichten, im August 1978 von seinem Amt als baden-württembergischer Ministerpräsident zurücktreten. In einem Prozess gegen Rolf Hochhuth erreichte Filbinger nicht, einige besonders wertende Aussagen des Schriftstellers (etwa *furchtbarer Jurist*) untersagen zu lassen. Hochhuth erinnert auf der ersten Seite seiner Erzählung an den süd-badischen Landsmann von Filbinger, einen gewissen Johann Peter Hebel, und an einen Satz, womit dieser seine Kalendergeschichte *Der Husar in Neiße* be-schließt:" Merke: Es gibt Untaten, über welche kein Gras wächst."

Johann Peter Hebels Gedicht „Die Vergänglichkeit" aus dem Jahr 1803 ist bei Hochhuth Ausgangspunkt der Erzählung. Im Übrigen führt unsere Wanderung am Hebel-Gedenkstein am Ortsausgang von Brombach vorbei, auf dem an das Gedicht erinnert wird.

Die Vergänglichkeit
(Gespräch auf der Straße nach Basel, zwischen Steinen und Brombach, in der Nacht)

Der Bueb sait zue m Ätti:
Fast allmol, Ätti,
wenn mer's Röttler Schloß
so vor den Augen stoht, se denk i dra,
öb's üüsem Huus echt au emool so goht.
Stoht's denn nit dört,
so schuudrig wie der Tod
im Basler Totetanz? Es gruuset mer,
wie länger as me's bschaut.
Un üüser Huus,
es sitzt jo wie ne Chilchli uf em Berg,
un d' Fenster glitzeren, es isch e Staat.
Schwätz, Ätti, goht's em echterst au no so?
I main emool, es chönn schier gar nit sii.

Der Ätti sait:
Du guete Burst, 's cha friili sii,
was mainsch?

's chunnt alles jung un neu,
un alles schlücht
sim Alter zue, un alles nimmt en End,
un nüt stoht still. Hörsch nit,
wie's Wasser ruuscht,
un sihsch am Himmel
obe Stern an Stern?
Me maint, vo alle rüher si kain, un doch,
ruckt alles wyters, alles chunnt un goht.

Je, 's isch nit anderst, lueg mi a, wie d' witt.
De bisch no jung; Närsch, i bi au so gsi,
jetz würd's mer anderst;
's Alter, 's Alter chunnt,
un wo n i gang, go Gresgen oder Wies,
in Feld un Wald, go Basel oder haim,
s isch ainerlai, i gang im Chilchhof zue,
briegg alder nit! – un bis de bisch wie n ich,

e gstand'ne Maa, se bin i nümme do,
un d' Schoof un Gaiße waiden
    uf mym Grab.
Jo wegerli, un's Huus wird alt un wüest;
der Rege wäscht der's wüester alli Nacht,
un d' Sunne bleicht
    der's schwärzer alli Tag,
un im Vertäfer popperet der Wurm.
Es regnet no dur d' Bühni ab, es pfiift
der Wind dur d' Chlimse.
    Drüber tuesch du au
no d' Auge zue;
    es chömme Chindeschind,
un pletze dra. Zletzt fuults
    im Fundement,
un 's hilft nüt meh.
    Un wemme nootno gar
zweituusig zehlt, isch alles zsemmekeit;
un endli sinkt 's ganz Dörfli in sy Grab.
Wo d' Chilche stoht,
    wo 's Vogts un 's Heere Huus,
goht mit der Zyt der Pflueg

Der Bueb sait:
Nai, was de saisch!

Der Ätti sait:
Je, 's isch nit anderst, lueg mi a, wie d' witt!
Isch Basel nit e schöni, tolli Stadt?
's sinn Hüüser drin,
    's isch menggi Chilche nit
so groß, un Chilche,
    's sinn in menggem Dorf
nit so viil Hüüser. 's isch e Volchspil,
    's wohnt
e Riichtum drin, un mengge brave Heer;
un mengge, wo n i gchennt ha,
    lyt scho lang
im Chrüzgang hinterm Münsterplatz
    un schlooft.

Der Bueb sait:
Nai Ätti, isch's der Ernst? Es cha nit sii!

Der Ätti sait:
Je, 's isch nit anderst, lueg mi a, wie d' witt,
un mit der Zyt verbrennt die ganzi Welt.
Es goht e Wächter uus um Mitternacht,
e fremde Maa, me waiß nit, wer er isch,
er funklet wie ne Stern un rüeft:
    „Wacht auf!
Wacht auf, es kommt der Tag!" –
    Drob rötet si
der Himmel, un es dundert überal,
z'erst heimlig, alsgmach lut, wie sellemol,
wo Anno Sechsenünzig der Franzos
so uding gschosse het. Der Bode wankt,
aß d' Chilchtürn guuge;
    d' Glocke schlagen a,
un lütte selber Bettzyt wyt un breit,
un alles bettet. Drüber chunnt der Tag;
o, bhüet is Gott,
    me bruucht ke Sunn derzue,
der Himmel stoht im Blitz
    un d' Welt im Glast.
Druf gschiht no viil, i ha jetz nit der Zyt;
un endli zündet's a, un brennt un brennt,
wo Boden isch, un niemes löscht.
    Es glumst
wohl selber ab. Wie mainsch,
    siht's us derno?

Der Bueb sait:
O Ätti, sag mer nüt meh!
    Zwor wie goht's
de Lüte denn, wenn alles brennt
    un brennt?

Der Ätti sait:
Närsch, d' Lüt sinn nümme do,
    wenn's brennt, si sinn

's isch eitue, Chind,
    es schlacht emool e Stund,
goht Basel au ins Grab, un streckt no do
un dört e Glid zuem Boden us, e Joch,
en alte Turn, e Gibelwand, es wachst
do Holder druf, do Büechli, Tanne dört,
un Moos un Farn, un Raiger sitze druff
's isch schad derfür! –
    Un sinn bis dörthi d'Lüt
so närsch wie jetz,
    se göhn au Gspenster um,
Der Sulger, wo die arme Bettellüt
vergelstret het, der Lippi Läppeli
un was weiß ich, wer meh.
    Was stoßisch mi?

Der Bueb sait:
Schwätz liisli, Ätti, bis mer über d' Bruck
do sinn, un do an Berg un Wald verbei!
Dört übe jagt e wilde Jäger, weisch?
Un lueg, do niden in de Hürste seig
gwiß 's Eiermaidli glege, halber fuul,
's isch Johr un Tag. Hörsch,
    wie der Laubi schnuuft?

Der Ätti sait:
Er het der Pfnüsel!
    Seig doch nit so närsch!
Hüst, Laubi, Merz! - un loß die Tote goh,
's sinn Nareposse! - Jee, was han i gsait?
Vo Basel, aß es au emool verfallt. -
Un goht in langer Zyt e Wandersmaa,
ne halbi Stund, e Stund wyt dra verbei,
se luegt er dure, lyt ke Nebel druf,
un sait sym Kamerad, wo mit em goht:
„Lueg, dört isch Basel gstande! Selle Turn
seig d'Peterschilche gsi,
    's isch schad derfür!"

wo sinn si? Seig du frumm,
    un halt di wohl,
geb, wo de bisch, un bhalt
    dy Gwisse rein!
Siehsch nit, wie d' Luft
    mit schöne Sterne prangt!
's isch jede Stern verglüichligen e Dorf,
un wyter obe seig e schöni Stadt,
me siht si nit vo do, un haltsch di guet,
se chunnsch in so ne Stern,
    un 's isch der wohl,
un findsch der Ätti dört,
    wenn's Gottswill isch,
un 's Chünggi selig, d' Muetter.
    Öbbe fahrsch
au d' Milschstrooß
    uf in die verborgni Stadt,
un wenn de sytwärts abeluegsch,
    was sihsch?
E Röttler Schloß!
    Der Belche stoht verchohlt,
der Blauen au, as wie zwee alti Türn,
un zwischedrin isch alles usebrennt,
bis tief in Boden abe. D'Wise het
ke Wasser meh, 's isch alles
    öd un schwarz,
un totestill, so wyt me luegt. Das sihsch,
un saisch dym Kamerad,
    wo mit der goht:
„Lueg, dört isch d' Erde gsi, un selle Berg
het Belche gheiße! Nit gar wyt dervo
isch Wislet gsi, dort han i au scho glebt,
un Stiere gwettet, Holz go Basel g'füehrt,
un broochet, Matte graust,
    un Liechtspöh gmacht,
un gvätterlet bis an my selig End,
un möcht jetz nümme hi." –
    Hüst, Laubi, Merz!

Kirche von Hauingen.

Wanderung rund um Brombach bei Lörrach

Charakter/Länge/Gehzeit

Einfache, aber längere Ganztagswanderung mit „Asphaltgehen", wenn das Wiesental durchquert wird. Die Höhenmeter sind vergleichsweise gering, die Länge beträgt rund 18 km. Die Route ist so angelegt, dass sie problemlos verkürzt werden kann, indem von Brombach aus direkt der Hösler Steinbruch aufgesucht wird. Sonst wird von etwa 6 Stunden reiner Wanderzeit ausgegangen.

Markierung

Die Strecke entspricht zum Teil dem Interregio-Wanderweg, der allerdings, so etwa zu Beginn, nicht durchgehend gut markiert ist. Von Hüsingen bis Kreuzeiche und Brombach kann die Beschilderung des Schwarzwaldvereins genutzt werden.

Einkehrmöglichkeiten

Da wir von einer Tagestour sprechen, müssten wir ein Vesper im Rucksack mitnehmen. Dann würde sich eine nachmittägliche Kaffeepause in Brombach anbieten, zum Beispiel in der Café-Weinstube „Zur Laube" in der Bündtenstraße Ecke Römerstraße. Weiter empfehlenswert in Brombach das „Landgasthaus Waldhorn" in der Hüsingerstr. 2. Wenn wir zwischen Burg Rötteln und Brombach durch einige Stadtteile von Lörrach kommen, bieten sich zahlreiche Lokale an.

Anfahrt

Die A 5 Karlsruhe – Basel verlassen wir auf der A 98 in Richtung Lörrach. Wir nehmen die Ausfahrt Lörrach-Mitte und halten uns in leicht verwirrender Straßenführung links in Richtung Lörrach-Haagen. Bei der Durchfahrt durch den Ortsteil Haagen folgen wir den zahlreichen „Burg Rötteln"-Schildern, die uns schließlich rechts hoch führen zu der über den Häusern thronenden Burgruine und deren großen Parkplatz. Mit der Bahn ab Weil am Rhein Pfädlistraße mit der S 5 bis zur Haltestelle Haagen/Messe. Von dort 2 km bis zur Burg Rötteln.

Wandersaison
Ganzjährig machbar. Im Winter an die kürzeren Tage denken, also früh losgehen.

Unser Weg
Lassen wir unsere Wanderung auf **Burg Rötteln** anfangen, auf der Nordseite des unteren Wiesentals. Auch Hochhuth beginnt seine Erzählung mit Burg Rötteln, wenn er in den ersten Zeilen auf eben jenen Johann Peter Hebel zu sprechen kommt und auf dessen Gedicht *Die Vergänglichkeit*: Die mondbeschienene Ruine der Burg flößt einem Jungen Angst ein, und er empfindet das gleiche Grauen wie beim Anblick des Todes im „Basler Totentanz" aus dem 15. Jahrhundert. Der *Tod in Basel* kündigt zu Beginn der Geschichte das Ende einer *Liebe in Deutschland* an.

Wenn wir von der Burg herabblicken auf das Wiesental mit Brombach und Lörrach und den „Kessel" von Basel, erkennen wir rasch, dass uns keine idyllische Wanderung bevorstehen kann. Der Mensch hat seit dem 19. Jahrhundert das Bild des unteren Wiesentales stark verändert. Kleinere und größere Betriebe, zum Teil gewaltige Industrieanlagen haben zur Ansiedlung vieler Menschen geführt, Straßen zerschneiden das Tal.

Basler Totentanz.

Von der Burg gehen wir auf einem schmalen, anfangs steilen Weg abwärts in Richtung Haagen. Nach einer Linkskurve sind wir bald oberhalb der ersten Häuser und folgen dem Interregio-Wanderweg auf dieser nördlichen Talseite bis Hauingen. Vor der evangelisch-reformatorischen Kirche stoßen wir wieder auf den alemannischen Dichter Hebel, dessen Eltern sich in dieser Kirche trauen ließen. Eine Tafel des 2010 eingerichteten Hebel-Wanderweges (von Basel zum Feldberg) weist uns darauf hin. Wir wandern ab hier in Richtung Süden, über-queren die Wiese und die Bundesstraße und kommen nach Brombach, das uns mit dem Betriebsgelände der ehemaligen Versandfirma Schöpflin-Haagen empfängt. „Schöpflin Haagen – weitersagen" hieß es einmal in früherer Zeit. Wir lassen zunächst das Ortszentrum von Brombach rechts liegen und folgen dem Interregio-Wanderweg bis zum Ortsende Richtung Steinen. Ein kleiner Park auf der rechten Seite präsentiert einen Hebel-Gedenkstein aus Schweizer Jurakalk zur Erinnerung an die Stelle, an der Hebels Mutter im Beisein ihres damals 13-jäh-rigen Sohnes starb; eine weitere Station des Hebel-Wanderweges. Wir verlassen Brombach auf unserem Wanderweg, der rechts oberhalb der ersten Häuser in den Wald führt. Durch lichten Laubwald wandern wir für ca. 4 km an dieser süd-lichen Talseite des Wiesentales entlang, bis wir, nach leichtem Anstieg, die ersten Häuser des Dorfes Hüsingen erreichen. Die Brombacher Straße zeigt uns rechts den Weg in Richtung Süden, und nach wenigen Minuten stehen wir auf der leicht gewellten Fläche des nördlichen Dinkelberges. Aufgepasst: Wir verlassen hier

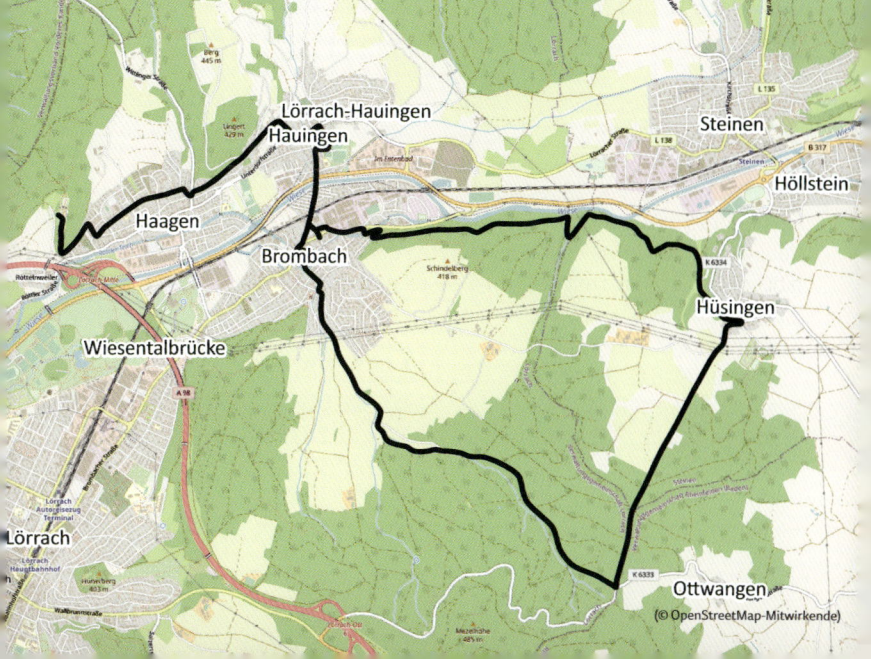

(© OpenStreetMap-Mitwirkende)

links: Bei Burg Rötteln, rechts: Blick auf Belchen.

gleich wieder die Brombacher Straße, leicht links, an der Stelle, die uns den ersten Blick auf den imposanten Belchen im Norden über dem Wiesental freigibt. Ein Bänklein bietet seine Ruhedienste für eine herzhafte Mittagspause an.

Weiter gehen wir leicht bergauf und bergab und stehen dann eine halbe Stunde später vor der über 400 Jahre alten mächtigen Kreuzeiche. Auf der **Adelhauser Straße**, rechts abbiegend, sind es jetzt nochmals drei Kilometer bis nach Brombach. Nach etwa 1,5 km, wir sind immer noch in lichtem Eichen-Buchenwald, erreichen wir den sogenannten **Hösler Steinbruch** und sind damit auf den letzten Seiten der Erzählung Hochhuths angelangt. Hier wurde der polnische Kriegsgefangene Stasiek Zasada am 16.10.1941 gehenkt. Nachdenklich gehen wir schließlich weiter zurück nach **Brombach**, auf dem Weg, den Hochhuth am Ende der Erzählung den Todeszug nehmen lässt. Dabei führt uns die Adelhauser Straße mitten in den Ort Brombach hinein, mündet dabei in die Römerstraße. Ein normaler Spaziergang würde uns links auf den Kirchberg führen, die evangelische Germanuskirche bewundern lassen, deren bunte Kirchentüren sich für uns öffnen würden. Uns interessieren aber vor allem die Orte der Liebesgeschichte. Wir gehen deshalb auf der **Hauptstraße**, der **Lörracher Straße**, dort wo die Römerstraße auf sie trifft, nach links und stehen etwa 200 m weiter gegenüber der Häuserzeile, in welcher der Hauptteil der Geschichte spielt. Paulines Laden gibt es noch, im Haus mit der Nr. 13, heute mit einem asiatischen Minimarkt. Und davor, zwei Häuser daneben, war Stani untergebracht, bei Melchiors, wie Hochhuth die Familie nennt. Im nahen Stadtpark, in der Ringstr. 1, beim Brombacher Schlössli, heute Ortsverwaltung und Standesamt der Stadt Lörrach, steht noch gar nicht lange ein Gedenkstein zu unserer Geschichte: *Am 16.10.1941 wurde Stanislaus Zasada aus Polen wegen seiner Liebe zu einer Deutschen erhängt. Er war einer von mindestens 691 Zwangsarbeitern und Kriegsgefangenen aus 10 Ländern zwischen 1939 und 1945 in Brombach. Wir gedenken der Opfer nationalsozialistischer Gewalt.* Ein nüchterner Versuch, Schreckliches in Worte zu fassen.

links: Bei Hüsingen, rechts: Hösler Steinbruch.

Auf den Spuren des Vormittags wandern wir nun wieder auf die Burgruine Rötteln zu, über die **Brückenstraße**, an der **Hauinger Kirche** vorbei, am **Lingert** entlang, bis wir wieder im Lörracher Ortsteil **Haagen** sind. Und wenn sich, beispielsweise an kurzen Wintertagen, schon früh die Abenddämmerung einstellt, erscheint auch dem heutigen Wanderer die Burgruine ähnlich unheimlich wie dem Jungen in Hebels Gedicht *Die Vergänglichkeit*. Hinter der Wittlinger Straße, der Kreisstraße 6344, rechts nach oben führend, folgen wir jetzt dem **Lichsenweg**, in Sichtweite der Kreisstraße bleibend, bis wir am Waldrand und später im Wald, den Wegzeichen Burg Rötteln folgend, über einen Trimmdichpfad, und einige Meter auf dem Westweg des Schwarzwaldvereins, den Parkplatz unterhalb der **Burg** erreichen.

Ecole Frédérique Bré

Der junge Goethe und die Sesenheimer Lieder

Eine Radwanderung im nördlichen Elsass

Eine Radwanderung im nördlichen Elsass

Auch wenn der junge Student Goethe nur wenig mehr als ein Jahr im Elsass gelebt hat, ist sein Name wie auch der Name der noch jüngeren Friederike Brion untrennbar mit dem kleinen Ort Sesenheim im nördlichen Elsass verbunden. Eine romantische Liebesgeschichte verbindet die beiden und hat aus dem Dorf Sesenheim eine Art Pilgerort für Literaturliebhaber gemacht. Goethes Sesenheimer Lieder für Friederike Brion sind auch dem heutigen Leser gut zugängliche „moderne" Liebesgedichte. Es lohnt sich, sie zu lesen. Da wir auch noch Goethes Straßburger Freund Jakob Michael Reinhold Lenz im Fort Louis am Rhein in unsere Spurensuche einbeziehen wollen, schlagen wir für dieses Kapitel eine Radwanderung vor, die uns bestimmte Strecken leichter überwinden lässt.

Johann Wolfgang von Goethe

Johann Wolfgang Goethe, später von Herzog Carl August von Sachsen-Weimar-Eisenach geadelt, ist wohl die Lichtgestalt der deutschen Literatur. Und dies aus vielerlei Gründen. Zum einen ist da eine über 80-jährige Lebensspanne, die es dem am 28. August 1749 in Frankfurt am Main Geborenen ermöglichte, an verschiedenen politischen und kulturellen Epochen teilzuha-

ben und diese teilweise zu prägen. So kam er als junger Student nach Straßburg und traf dort auf den kaum älteren, aber bereits bedeutenden Philosophen Johann Gottfried Herder, der ihm einen Weg zu eigener Kreativität eröffnete. Als 26-Jähriger ging er nach Weimar, an den Hof des Herzogs von Sachsen-Weimar-Eisenach, und blieb dort in verschiedenen herausragenden Positionen bis an sein Lebensende. In diese Zeit fielen Reisen in die Schweiz und vor allem Aufenthalte in Italien, die Goethe künstlerisch – und vielleicht auch menschlich – reifen ließen. Biografisch auffällig sind auch

Johann Wolfgang von Goethe

Goethes Begegnungen mit verschiedenen Frauen, die seinen Lebensweg kreuzten und ihn zu bedeutenden literarischen Werken inspirierten. Angefangen von der Elsässerin Friederike Brion über Charlotte Buff aus Wetzlar, die Frankfurterin Lilli Schönemann und später Charlotte von Stein und Christiane Vulpius in Weimar, die unbekannte Römerin, ganz spät die blutjunge Ulrike von Levetzow in Karlsbad und Marienbad und andere unbekannt Gebliebene. Goethe war ein Multitalent und an den unterschiedlichsten Lebensbereichen interessiert. Staatspolitische Tätigkeiten als Minister und Geheimrat, botanische und geologische Studien und eine überreiche literarische Produktion mit Theaterstücken, z. B. dem *Faust*, Romanen und Gedichten, die heute zum Kanon der deutschen Literatur zählen, zierten seinen Lebensweg. Er starb im Alter von 82 Jahren in Weimar.

Der junge Goethe und die Sesenheimer Lieder

Goethe! Goethe? Goethe. Wenn wir Bilder von Goethe in unserem literarischen Gedächtnis gespeichert haben, dann sind es Bilder vom alten Goethe. Goethe ist für uns ein alter Mann. Dass er auch einmal jung war, daran denken wir seltsamerweise kaum.

Als Goethe im Frühjahr 1770 in Straßburg ankam, war er nicht einmal 21 Jahre alt. Auf Wunsch des Vaters sollte er sein Jura-Studium möglichst rasch zu Ende bringen. Normalerweise mit der Promotion. Schließlich reichte es nur zum Magister, was den jungen Mann nicht so sehr störte. Für seine Zukunft hatte er sowieso andere Pläne.

Von Zeit zu Zeit verließ er die Stadt Straßburg auf dem Pferd, um das Elsass kennenzulernen. In seinem Bekanntenkreis gab es den einen oder anderen, der hier zu Haus war. Etwa der junge Weyland aus Bouxwiller, damals Buchsweiler, der den jungen Frankfurter Bürgersohn gern begleitete. Auf dem Rückweg einer mehrtägigen Tour bis ins Saarland hinein, es war inzwischen Herbst geworden, – so berichtet Goethe selbst fast 40 Jahre später in seiner autobiographischen Schrift *Dichtung und Wahrheit* – machen die beiden Reiter Station in Sesenheim bei Pfarrer Brion und seiner Familie, seinem Mitstudenten Weyland gut bekannt. Und dort lernt er die damals 18-jährige Friederike Brion kennen, er ist gerade 21 geworden: *... und da ging fürwahr an diesem ländlichen Himmel ein allerliebster Stern auf.* (S. 471) So kündigt der inzwischen über 60-Jährige die Erscheinung der jüngsten Tochter des Pfarrers an.

Wir wissen, dass die *Liebesbeziehung* der beiden nicht lange währte und dass Goethe im August 1771 ohne Abschied in das väterliche Haus nach Frankfurt zurückkehrte. In diesen wenigen Monaten – den Winter verbrachte Goethe in der Stadt und nur im Frühsommer 1771 weilte er für einige Wochen in Sesen-

heim – schrieb der junge Dichter die später so genannten *Sesenheimer Lieder*.

Unter diesen Umgebungen trat unversehens die Lust zu dichten, die ich lange nicht gefühlt hatte, wieder hervor. Ich legte für Friedriken manche Lieder bekannten Melodien unter. Sie hätten ein artiges Bändchen gegeben, wenige davon sind übrig geblieben, man wird sie leicht aus meinen übrigen herausfinden. (S. 509)

Zu diesen Liedern zählen etwa *Willkommen und Abschied*, das diese Überschrift erst später bekam, und auch das *Heidenröslein*, das Goethe in keine seiner Gedichtausgaben aufnahm. Wer weiß warum? Begegnung und Abschied, Liebe und Leiden: Hier ist alles gesagt über diese junge Liebe. Fast zehn Jahre später taucht Goethe nochmals in Sesenheim auf. Er verlässt diesen Ort mit dem Gefühl, alles sei gut und dass er nun wieder *mit Zufriedenheit in das Eckchen der Welt hindenken, und in Friede mit den Geistern dieser ausgesöhnten in mir leben kann.*

Frédérique Brion

(Safranski S. 97). Wir wissen, dass Friederike nie geheiratet hat und die letzten Lebensjahre bei ihrer Schwester im südlich von Straßburg gelegenen badischen Meißenheim auf der anderen Seite des Rheins zugebracht hat. Dort finden wir ihr Grab an der Friedhofsmauer heute noch. *Ein Strahl der Dichtersonne fiel auf sie, so reich, dass er Unsterblichkeit ihr lieh.* Wer für diesen vielleicht wohlgemeinten Satz verantwortlich ist, wir wissen es nicht. Friederikes Schwester hat Goethes Briefe und Gedichte nach deren Tod 1813 verbrannt.

Es gibt einen zweiten jungen Dichter, der zwei Jahre nach Goethes Erscheinen sich unglücklich in die immer noch um Goethe Trauernde verliebt hat: Jakob Michael Reinhold Lenz, ein Studienfreund Goethes, mindestens so begabt wie der spätere Meister. Doch Friederike wollte nichts von Lenz wissen. In seinem Gedicht *Die Liebe auf dem Lande* zeichnet er den Kummer der jungen Frau eindrücklich nach.

Die Gedichte

Willkommen und Abschied (Goethe)

Es schlug mein Herz, geschwind zu Pferde!
Es war getan fast eh gedacht.
Der Abend wiegte schon die Erde,
Und an den Bergen hing die Nacht;
Schon stand im Nebelkleid die Eiche,
Ein aufgetürmter Riese, da,
Wo Finsternis aus dem Gesträuche
Mit hundert schwarzen Augen sah.

Der Mond von einem Wolkenhügel
Sah kläglich aus dem Duft hervor,
Die Winde schwangen leise Flügel,
Umsausten schauerlich mein Ohr;
Die Nacht schuf tausend Ungeheuer,
Doch frisch und fröhlich war mein Mut:
In meinen Adern welches Feuer!
In meinem Herzen welche Glut!

Dich sah ich, und die milde Freude
Floß von dem süßen Blick auf mich;
Ganz war mein Herz an deiner Seite
Und jeder Atemzug für dich.
Ein rosenfarbnes Frühlingswetter
Umgab das liebliche Gesicht,
Und Zärtlichkeit für mich – ihr Götter!
Ich hofft es, ich verdient es nicht!

Doch ach, schon mit der Morgensonne
Verengt der Abschied mir das Herz:
In deinen Küssen welche Wonne!
In deinem Auge welcher Schmerz!
Ich ging, du standst und sahst zur Erden,
Und sahst mir nach mit nassem Blick:
Und doch, welch Glück, geliebt zu werden!
Und lieben, Götter, welch ein Glück!

Heidenröslein (Goethe)

Sah ein Knab' ein Röslein stehn,
Röslein auf der Heiden,
war so jung und morgenschön,
lief er schnell, es nah zu sehn,
sah's mit vielen Freuden.
Röslein, Röslein, Röslein rot,
Röslein auf der Heiden.

Knabe sprach: Ich breche dich,
Röslein auf der Heiden!
Röslein sprach: Ich steche dich,
daß du ewig denkst an mich,

und ich will's nicht leiden.
Röslein, Röslein, Röslein rot,
Röslein auf der Heiden.

Und der wilde Knabe brach
's Röslein auf der Heiden;
Röslein wehrte sich und stach,
half ihm doch kein Weh und Ach,
mußt' es eben leiden.
Röslein, Röslein, Röslein rot,
Röslein auf der Heiden.

Die Liebe auf dem Lande (Lenz)

Ein schlechtgenährter Kandidat
Der oftmals einen Fehltritt that
Und den verbotnen Liebestrieb
In lauter Predigten verschrieb,
Kehrte einst bey einem Pfarrer ein
Den Sonntag sein Gehülf zu seyn.

Der hat ein Kind, zwar still und bleich,
Von Kummer krank, doch Engeln gleich. –
Sie hielt im halberloschnen Blick
Noch Flamen ohne Maaß zurück;
All itzt in Andacht eingehüllt.
Schön wie ein marmorn Heil'genbild. –
War nicht umsonst so still und schwach,
Verlaßne Liebe trug sie nach,
In ihrer kleinen Kammer hoch
Sie stets an der Erinnerung sog;
An ihrem Brodschrank an der Wand
Er immer immer vor ihr stand,
Und wenn ein Schlaf sie übernam,
Im Traum er immer wieder kam.

Für ihn sie noch das Härlein stutzt,
Sich wenn sie ganz allein ist putzt,

All ihre Schürzen anprobirt
Und ihre schönen Lätzchen schnürt,
Und vor dem Spiegel nur allein
Verlangt, er soll ihr Schmeichler seyn.
Kam aber etwas fremds in's Haus,
That sie sich schlecht und häuslich aus.

Denn immer immer immer doch
Schwebt ihr das Bild an Wänden noch
Von einem Menschen, welcher kam
Und ihr als Kind das Herze nam.
Fast ausgelöscht ist sein Gesicht,
Doch seiner Worte Kraft noch nicht
Und jener Stunden Seligkeit
Und jener Träume Wirklichkeit
Die angeboren jedermann
Kein Mensch sich wirklich machen kann.

Ach Männer Männer seyd nicht stolz
Als wärt nur ihr das grüne Holz.
Der Weiber Güt' und Duldsamkeit
Ist grenzenlos wie Ewigkeit.

Radwanderung nach Sesenheim und Fort Louis

Charakter/Länge/Gehzeit

Start ist an der Autofähre Greffern auf der deutschen Rheinseite auf der Höhe von Bühl/Baden. Nach der Rheinüberquerung fahren wir am Ortsrand von Drusenheim entlang, durchqueren Dalhunden und befinden uns bald im Dorfzentrum von Sesenheim mit der protestantischen Kirche, der „Auberge du Boeuf" gegenüber, dem Memorial Goethe hinter der Kirche. Für den Besuch der Goethe-Eiche braucht es eine kleine Zusatzschleife. Nun geht es Richtung Stadtmatten und auf Fort Louis zu. Über den Europäischen Radweg – Eurovelo am Rhein entlang erreichen wir wieder die Fähre bei Drusenheim. Radwege mit unterschiedlichem Belag, auch streckenweise entlang der Straße. Keine Höhenunterschiede zu überwinden, 33 km Radstrecke. Bei 5 bis 5 ½ Stunden eine ganztägige Radwanderung.

Markierung
Ohne

Einkehrmöglichkeiten
Besonders erwähnenswert ist die „Auberge au Boeuf" mitten in Sesenheim, nicht nur wegen ihrem liebenswert kleinen Goethe-Museum.

Anfahrt
Auf der A 5 Autobahnausfahrt 52 Bühl in Richtung Schwarzach über Oberbruch und über Greffern zur Rheinfähre mit Parkmöglichkeiten.

Wandersaison
Im schönsten Frühjahr bis Herbst.

Unser Weg

Um es gleich vorwegzunehmen: Nach Sesenheim sollte man zweimal fahren. Mindestens zweimal. Denn das aktuelle historische Kleinod – für Liebhaber der gehobenen Esskultur – ist die „Auberge au Boeuf", gegenüber der protestantischen Kirche des Pfarrers Brion und eine der besten kulinarischen Adressen der Region. Doch dazu später.

Dichtung oder Wahrheit. Oder: Dichtung und Wahrheit. Wenn wir Goethes Erinnerungen Glauben schenken dürfen – immerhin sind mehr als vierzig Jahre vergangen, als er sich in seiner Autobiographie an die *Sesenheimer Idylle* erinnert –, so war er im Nachbardorf Drusenheim abgestiegen, bevor er nach Sesenheim hinübergeritten war.

Es ist kalt heute Morgen. Die Sonne scheint aus wolkenlosem Himmel, aber der stürmische Nordostwind macht uns auf dem Fahrrad zu schaffen, als wir, die Fähre verlassend, elsässischen Boden betreten. Wir fahren direkt auf **Drusenheim** zu und nehmen bei den ersten Häusern sofort rechts die D 737 nach Norden in Richtung **Dalhunden**, die neueren Viertel des Ortes streifend. Goethe erwähnt Drusenheim mehrfach in seinen Erinnerungen: als letzten Halt, bevor er nach Sesenheim weiterreitet, als armer Theologiestudent verkleidet, oder am nächsten Morgen, als er sich mit Hilfe des Gastwirtsohns in Drusenheim ein weiteres Mal verkleidet und mit einem frischen Kuchen nach Sesenheim zurückkehrt. Oder als er sich, so wie er sich erinnern will, von Friederike verabschiedet und den damaligen „Fußpfad gegen Drusenheim" (S. 545) benutzt. Wenn Goethe von Straßburg aus nach Sesenheim geritten kam, muss er hier vorübergekommen sein. Er selbst erinnert in *Dichtung und Wahrheit* daran, wie er bald nach dem ersten Aufenthalt bei den Brions an einem Samstag Nachmittag mit dem Pferd unterwegs war – Goethe spricht mehrfach von sechs

Place de la Mairie.

Stunden Ritt: *So stark ich auch ritt, überfiel mich doch die Nacht. Der Weg war nicht zu verfehlen und der Mond beleuchtete mein leidenschaftliches Unternehmen. Die Nacht war windig und schauerlich, ich sprengte zu, um nicht bis morgen früh auf ihren Anblick warten zu müssen.* (S. 494/95) Der literaturkundige Leser erkennt in der Wortwahl des Meisters eine späte Anspielung auf sein damals verfertigtes Gedicht mit dem Titel *Willkommen und Abschied*, einem der populärsten Gedichte der *Sesenheimer Lieder*: *Der Mond von einem Wolkenhügel / Sah schläfrig aus dem Duft hervor / Die Winde schwangen leise Flügel / Umsausten schauerlich mein Ohr* heißt es in der zweiten Strophe.

Durch den Ort Dalhunden, leider immer der Straße entlang, sehen wir bald die ersten Häuser von **Sesenheim** vor uns, überqueren die vielbefahrene D 468 und stehen vor dem Ortsschild von Sesenheim: „jumelée avec Meissenheim", wie wir darunter lesen. Der kundige Literaturfreund weiß, dass Friederike Brion die letzten Jahre ihres Lebens bei einer ihrer Schwestern im Pfarrhaus im badischen Meißenheim verbracht hat, wo noch heute ihre Grabstätte zu finden ist. Uns führt die Rue de la Paix rasch ins Ortszentrum, auf die Place de la Mairie mit katholischer Kirche rechts, daneben Rathaus mit Schule und Kindergarten, auf der anderen Straßenseite die Post und schräg gegenüber die protestantische Kirche unseres Pfarrers Brion und die herausgeputzte „Auberge au Boeuf" mit dem kleinen Musée Goethe. Ein historisierendes Gemälde ziert die Straßenseite der Mairie: Die junge Friederike Brion im Anblick zweier auf dem Pferd ankommender junger Männer, Goethe mit abgewandtem Gesicht und sein Elsässer Studienkamerad Weyland, der ihn bei den Brions einführte. Dahinter eine Ernteszene und das Dorf Sesenheim. Die Schule trägt den Namen der berühmten Tochter des Ortes: *Ecole Frédérique Brion*. Eltern erwarten ihre Kinder. Die protestantische Kirche mit ihrem gedrungenen achteckigen Turm

Protestantische Kirche Sesenheim.

Sessenheimer Goethe-Memorial.

war zu Zeiten Goethes, und später bis 1911, ein sogenanntes Simultaneum, also auf Geheiß Ludwigs XIV. für den katholischen wie protestantischen Gottesdienst offen. Aus dem 18. Jahrhundert stammen im Kirchenschiff allein die schmucke Holzkanzel und darunter der sogenannte Pfarrstuhl, auf dem Goethe und Friederike an Ostern 1771 *eine etwas trockene Predigt des Vaters nicht zu lang fand(en)* (S. 496). Die Grabstätte des Pfarrers Brion ist im Mittelgang unter dem roten Teppich verborgen. Wenn wir links an der Kirche entlanggehen, finden wir unter einem Vorbau hinter schmiedeeisernem Gitter den Grabstein des Ehepaares Brion, versteckt hinter hellroten Rosen.

Die Sekretärin des Bürgermeisters hat uns in Sichtweite hinter der Kirche das *Memorial Goethe* gezeigt, die Goethegedenkstätte, mit der der französische Staat *dem Dichter und Denker, dem größten Sohne Deutschlands, einer jener außerordentlichen Persönlichkeiten, die eine Ermutigung für die Menschheit sind,* die nationale Ehre des Nachbarlandes erweist. Eine auch in heutiger Zeit bemerkenswerte Würdigung. Ein Abguss der Goethe-Büste des französischen Bildhauers David d'Angers beherrscht den ersten Raum: *Vous êtes un homme* soll Napoleon zu Goethe gesagt haben, als dieser ihm im Jahr 1808 in Erfurt vorgestellt wurde. Auch Friederike Brion hat ihren Platz in diesem Raum gefunden: *Sie hat mich geliebt schöner als ich's verdiente* lesen wir zwischen den beiden Fenstern auf einer der Wände mit Blick auf das heutige protestantische Pfarrhaus. Wenn man das weitere Leben dieser damals jungen Frau kennt, mag man bezweifeln, dass der

Dichterstrahl, der sie damals traf, ein günstiges Schicksal war. Die *Sesenheimer Lieder*, diese ersten, heute weltbekannten Gedichte des jungen Studenten Goethe, aus dieser Begegnung erwachsen, haben ihren Namen bis heute erhalten, aber zu welchem Preis? *Röslein wehrte sich und stach / Half ihm doch kein Weh und Ach / Mußt es eben leiden / Röslein, Röslein, Röslein rot / Röslein auf der Heiden.* Selbst 40 Jahre später hat Goethe seine Schuld ihr gegenüber eingestanden, als er schreibt: *Hier war ich zum erstenmal schuldig; ich hatte das schönste Herz in seinem Tiefsten verwundet ...* In einem zweiten Dokumentenraum sind weitere Informationen zu Goethe, Friederike Brion und ihrer Familie und den Sesenheimer Liedern nachzulesen. Gegenüber diesem Fachwerkbau steht als einziges authentisches Gebäude aus den Jahren 1770/71 die Goethe-Scheune mit ihrem riesigen Holztor, eben jene Scheune, aus der laut Goethes Erinnerung die Magd der Brions getreten war, als er als Drusenheimer Gastwirtsohn verkleidet mit besagtem Kuchen der Familie Brion und besonders Friederike seine zweite Aufwartung machte.

Auf der *Mairie* haben wir uns ein kleines Faltblatt besorgt, das uns den Sentier Fréderique Brion – J. Wolfgang Goethe vorschlägt, einen mit einem roten Kreis markierten Weg. Wenn wir ihn als Rundweg nutzen wollen, lassen wir uns über die Rue de l'Eglise und die Rue de la Libération auf die riesigen Maisfelder hinausführen und haben Mühe, den richtigen Feldweg in Richtung Stade zu finden. Erst links, dann rechts, am Sportgelände vorbei, die Autobahn A 35 schon in Sichtweite, dringen wir mit unserem Fahrrad auf schmalstem Waldweg in den **Bois de Sesenheim** ein und erreichen zu unserer Überraschung nach 10 Minuten im Unterholz tatsächlich die Chêne Goethe, die Goethe-Eiche. Ein einfaches Volksgedicht erläutert dem staunenden Besucher, dass Goethe selbst den heute riesigen Baum unabsichtlich gepflanzt habe, im Beisein von Friederike selbstverständlich. Eine etwas prosaischere Erklärung verweist auf das beträchtliche Alter der 350-jährigen Stieleiche aus der Familie der Buchengewächse, die zur Zeit Goethes schon über 100 Jahre alt gewesen sein muss und selbst

Goethe-Eiche.

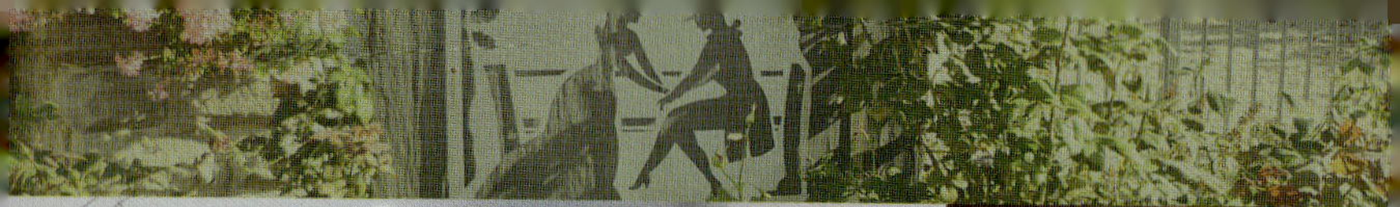

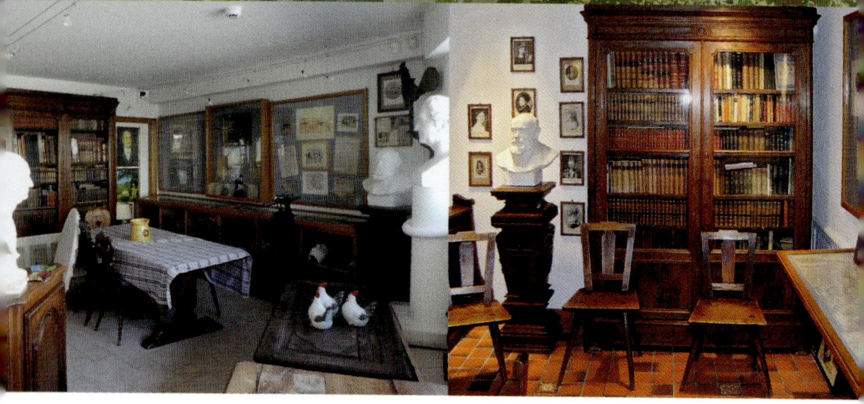

Sessenheimer Goethe Museum.

den Lothar-Orkan im Jahr 1999 unbeschadet überstanden hat. Schon bald erreichen wir wieder das **Stadion von Sesenheim** und durch die **Rue de la Paix** unseren Ausgangspunkt an der **Place de la Mairie**.

Was bleibt noch in Sesenheim? Das Musée Goethe in der „Auberge au Boeuf", die vor einigen Jahren in Paris ihren ersten Michelin-Stern feierlich verliehen bekam. Seit 1890 existiert ein kleines, aber feines Musée Goethe, das die Sesenheimer Liebesgeschichte nachzeichnet und auch versucht, der Epoche und ihren herausragenden Köpfen gerecht zu werden. Sehr sehenswert. Wie wir von der Chefin des Hauses, Mme Claudine Germain erfahren, ist das Musée vor einigen Jahren in eine andere Räumlichkeit verlegt worden, da der Erfolg des Restaurants mehr Platz forderte.
Was jetzt noch bleibt? Zum Beispiel der Goethe-Hügel, auch einfach Tumulus oder Friederikenruhe genannt, in der Rue Goethe auf dem Weg nach Stattmatten. Ob es sich wirklich um eine alte keltische Grabanlage handelt, sei dahingestellt. Vielleicht ist es auch nur der Aushub des danebenliegenden kleinen Teiches, oder etwa beides? Auf jeden Fall ist eine kleine Baumallee entstanden mit einem offenen Holzpavillon, dem fünften seit Ende des 19. Jahrhunderts. In *Dichtung und Wahrheit* spricht der ältere Goethe mehrfach von *einem Spaziergang nach jenem schönen Platze* (S. 497) oder *jener Laube zu Sesenheim*, in der er etwa Erzählungen vortrug oder Pfänderspiele – mit und ohne Küsse – organisieren half. Dabei habe er immer wieder versucht, *nicht zu küssen* (S. 497), versichert er dem aufmerksamen Leser. Was wollte er nicht zeigen? Sei's drum.

Plan Fort Louis.

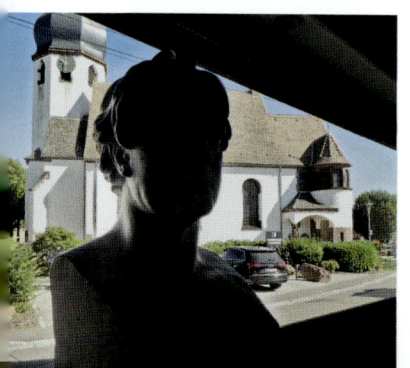

Wir verlassen jetzt Sesenheim in Richtung Rhein, also nach Osten, durchqueren **Stattmatten** und überqueren die Moder, um durch den Auwald den **Europäischen Radweg** entlang des Rheins zu erreichen.

Wir haben an diesem Tag ja noch ein zweites Ziel, das ehemalige Fort Louis, eine der Vauban-Festungen am Rhein zur Sicherung des französischen Herrschaftsgebiets am Ende des 17. Jahrhunderts. Was uns hier interessiert: Friederike Brion hatte noch einen zweiten literarischen Verehrer in jener Zeit, einen guten Freund Goethes, allerdings mit weniger Lebensglück ausgestattet als der Frankfurter Großbürgersohn: nämlich Jakob Michael Reinhold Lenz, diesen begabten Schriftsteller aus dem baltischen Livland, der sich im Jahr 1772 nicht ganz freiwillig in dieser Festung aufhielt. Als Bedienter eines preußischen Offiziers, der mit dem Regiment Anhalt den Sommer im Fort St. Louis verbringt, muss er seinem Herrn von Straßburg in die Rheinauen folgen. Kein heimeliger Ort für diesen jungen, talentierten, hochsensiblen Schriftsteller, der gerade an seinem Theaterstück *Der Hofmeister* arbeitet. Und doch wird dieser Sommer 1772 zum vielleicht glücklichsten Sommer im kurzen Leben des meist unglücklichen Jakob Michael Reinhold Lenz. Bei einem seiner Ausflüge in die nähere Umgebung von Fort St. Louis kommt er auch nach Sesenheim in das Pfarrhaus der Familie Brion. Ein Jahr ist vergangen, seit der junge Goethe ohne Abschied fortgeritten und nicht wiedergekommen ist. Er

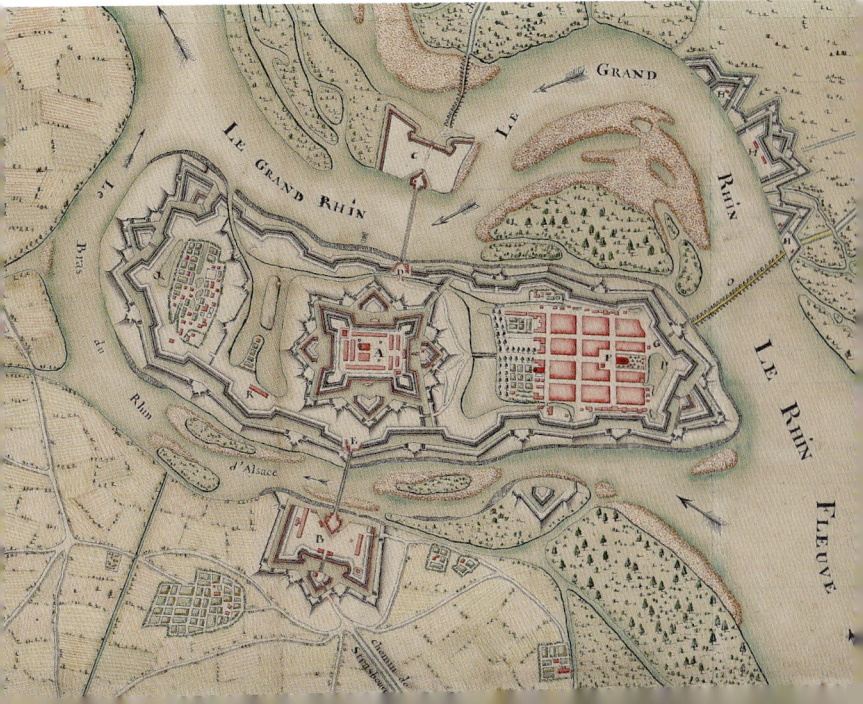

ist übrigens in diesem Sommer 1772 in Wetzlar und lernt dort Charlotte Buff kennen, Werthers Lotte. Und Friederike? Sie ist tief verletzt, und die Wunde ist noch offen. Und da kommt wieder ein junger Dichter, der mit Worten ebenso gut umgehen kann wie sein Studienfreund Goethe, vielleicht etwas schüchterner, melancholischer, weniger gewinnend auf den ersten Blick als dieser, und wirbt um sie. Doch Lenz hat kein Glück: Friederike hat ihren Schmerz nicht überwunden, und auch die Familie Brion wird wohl eher etwas zurückhaltend auf ihn reagiert haben. Und dabei ist Lenz öfter im Pfarrhaus, geht mit Friederike über den Rhein nach Lichtenau zum Tanz, schreibt für sie einige Gedichte, die er ihr schenkt, wie zuvor sein Studienfreund Goethe. Lenz weiß um den Liebesschmerz der jungen Frau. Es ist auch sein eigener. Im Gedicht *Die Liebe auf dem Lande* beschreibt er ihn:

Denn immer, immer, immer doch / Schwebt ihr das Bild an Wänden noch / Von einem Menschen, welcher kam / Und ihr als Kind das Herze nahm / Fast ausgelöscht ist sein Gesicht / Doch seiner Worte Kraft noch nicht / Und jener Stunden Seligkeit / Ach, jener Träume Würklichkeit / Die, angeboren jedermann / Kein Mensch sich würklich machen kann.

Pfarrer Brion wird ihn im Fort auch einmal besuchen. Wer weiß warum? **Fort-Louis** an der D 319 ist heute ein schmucker Ort mit wenigen hundert Einwohnern. Auf einem Schild lesen wir, dass einst 4000 Menschen hier ansässig waren, Handwerker und Händler, Pioniere aus der Picardie, aus dem Badischen gegenüber und auch aus der Schweiz. Und natürlich eine bunt zusammengewürfelte Truppe Soldaten aus vieler Herren Länder, wie zur damaligen Zeit üblich. Zehn Jahre wurde an der Vauban-Festung gebaut, bis 1698 die Anlage fertiggestellt war. Wir durchqueren den Ort, am Hôtel de Ville und der modernen Kirche vorbei. Am Ortsende rechterhand wird gerade gebaut: eine Festhalle soll hier entstehen. Von den eigentlichen Festungsanlagen auf der anderen Seite des Ortes ist durchaus einiges erhalten geblieben: das Fort d'Alsace im Westen existiert seit langem nicht mehr und das Fort Marquisat im Osten wurde nie fertiggebaut und schon zu Beginn des 18. Jahrhunderts geschleift. Beide waren zum Schutz der Hauptfestung gedacht, des Fort Carré auf der Altrheininsel Giesenheim. Über eine halbmondförmige Schanze, die den Eingangsbereich hier schützen sollte, betreten wir über das vorhandene Eingangstor das Innere der Festungsanlage: Informationstafeln erklären uns Baugeschichte, politische Situation im Europa des 17. und 18. Jahrhunderts, den Baumeister Vauban, der eigentlich Sébastien Le Prêtre hieß und Marquis de Vauban war und 1703 zum Maréchal de France von König Ludwig ernannt wurde. Über einen Tunnelgang verlassen wir in westlicher Richtung den heutigen Innenbereich der Festung.

Ende August muss Lenz Fort Louis verlassen. Das Regiment Anhalt zieht weiter, nach Landau. Und mit ihm Reinhold Michael Jakob Lenz. Er wird noch lange an Friederike denken. Und leiden. Über fünf Jahre später, im Jahr 1778, wird Pfarrer Oberlin in seinem Aufsatz *Der Dichter Lenz, im Steinthale* schreiben:

... seitdem ich aber weiß dass seine Geliebte Friederike hieß, kommt es mir vor, als ob es dieser Name gewesen wäre, mit äußerster Schnelle, Verwirrung und Verzweiflung ausgesprochen (den der verwirrte Lenz um Mitternacht durch den Pfarrhof in Waldersbach rennend, mit lauter Stimme gerufen habe).

Es ist später Nachmittag geworden. Wir nutzen jetzt die Gunst der Himmelswinde und fahren auf dem Europa-Radweg nach Süden, immer am Rheinstrom entlang. Bis wir eine Stunde später an der **Drusenheimer Fähre** ankommen. Und über kurz oder länger auf die badische Seite übersetzen.

Fort-Louis.

Arthur Rimbaud – Das Gedicht „Le dormeur du val"

Woerth im Elsass mit dem Schlachtfeld
des deutsch-französischen Krieges von 1870

Arthur Rimbaud –
das Gedicht „Le dormeur du val"

Woerth im Elsass mit dem Schlachtfeld des deutsch-französischen Krieges von 1870

Wenigen Zeitgenossen ist bekannt, dass in Woerth im nördlichen Elsass, eine halbe Autostunde von der deutschen Grenze entfernt, die größte Schlacht des Deutsch-Französischen Krieges von 1870 stattfand. Damals standen sich 120.000 deutsche und französische Soldaten zwischen Woerth und Froeschwiller gegenüber, darunter 20.000 Mann, die den Abend nicht mehr erleben sollten. Als literarische Reaktion auf diesen blutigen Krieg schrieb im gleichen Jahr der damals 16-jährige französische Dichter Arthur Rimbaud ein Gedicht über den Krieg, das er *Le dormeur du val* nannte: der im Tal Schlafende. In Deutschland wurde schon viele Jahre davor *Die Wacht am Rhein* gesungen. Um die Schlacht von Woerth einigermaßen zu überblicken, haben wir das Auto genommen und diesen Weg beschrieben. Auch das Fahrrad ist für diese größere Runde geeignet. Eine Fußwanderung würde am Musée de la Bataille du 6 aout 1870 in der Ortsmitte von Woerth starten, über die Route d'Elsasshausen führen, dem schmalen Sträßchen nach Froeschwiller folgen und den Turcos-Pfad auf dem Herrenberghügel einschlagen, der auf die Straße zwischen Woerth und Lembach nach Woerth zurückführt.

Arthur Rimbaud

Er ist eine der eigenwilligsten Persönlichkeiten der französischen Literatur. Geboren wurde Arthur Rimbaud am 20. Oktober 1854 in Charleville in den französischen Ardennen. Er begann seinen Weg als Dichter im zarten Alter von 16 Jahren und beendete seine poetische Laufbahn mit zwanzig. Danach verliert sich sein Weg im Nahen Osten und vor allem im heutigen Äthiopien, wo er als Händler unterschiedlichen Aktivitäten nachging. Gestorben ist er am 10. November 1891 in einem Hospital in Marseille. Rimbaud gilt als einer der ersten Vertreter der poetischen Moderne in Europa.

Arthur Rimbaud

Arthur Rimbauds „Le dormeur du val" und Max Schneckenburgers „Die Wacht am Rhein"

Am Abend des 6. August, nach der blutigen Schlacht von Woerth und Froeschwiller, soll das fünfte preußische Armeekorps plötzlich ein Lied intoniert haben, die *Wacht am Rhein*, und andere sollen es aufgenommen haben. Vielleicht.

Max Schneckenburgers patriotisches Lied der 1840er-Jahre war schnell zum populärsten Marschlied der zweiten Hälfte des 19. Jahrhunderts geworden. Trotz des streckenweise blutrünstigen Textes, wo es an die Marseillaise, die französische Nationalhymne, erinnert, ist der nationalistische Gehalt eher von defensivem als von aggressivem Charakter: Der Rhein soll gegen die seit Jahrhunderten andauernden Eroberungsversuche der Franzosen weiter verteidigt werden; von einer Verschiebung der deutschen Grenze nach Westen ist im Lied keine Rede. Einen ganz anderen Charakter zeigt das Gedicht des jungen Arthur Rimbaud, einer der auch heute noch zu den großen Dichtern unseres Nachbarlandes zählt. In *Le dormeur du val* wird eine Idylle präsentiert, in der die Beschreibung eines schlafenden jungen Mannes in die grausame Realität des Krieges mündet.

Le dormeur du val (Arthur Rimbaud) / Der im Tal schläft (eigene Übersetzung)
(im Oktober 1870 geschrieben von einem gerade 16-Jährigen)

C'est un trou de verdure
* où chante une rivière,*
Accrochant follement
* aux herbes des haillons*
D'argent; où le soleil, de la montagne fière,
Luit: c'est un petit val qui mousse de rayons.

Un soldat jeune, bouche ouverte, tête nue,
Et la nuque baignant
* dans le frais cresson bleu,*
Dort; il est étendu dans l'herbe, sous la nue,
Pâle dans son lit vert où la lumière pleut.

Les pieds dans les glaïeuls, il dort.
* Souriant comme*
Sourirait un enfant malade,
* il fait un somme:*
Nature, berce-le chaudement: il a froid.

Les parfums ne font pas
* frissonner sa narine;*
Il dort dans le soleil, la main sur sa poitrine,
Tranquille. Il a deux trous rouges
* au côté droit.*

Unten im Grünen singt ein Fluss
Der silberne Fetzen wie verrückt
  an die Gräser hängt
Wo die Sonne vom stolzen Berg her,
leuchtet: hier ist ein kleines Tal
  das strahlend schäumt.

Ein junger Soldat, den Mund offen den Kopf bloß
Der Nacken badet in frischer blauer Kresse,
schläft; er liegt ausgestreckt im Gras,
  unter dem Himmel,
Blass in seinem grünen Bett wo es Licht regnet.

Die Füße in den Gladiolen schläft er.
  Und lächelt
Wie ein krankes Kind lächelt,
  er ist eingeschlafen:
Natur, wiege ihn warm: ihm ist kalt.

Die Düfte lassen seine Nase
  nicht erzittern;
Er schläft in der Sonne, die Hand auf der Brust
Ruhig. Er hat zwei rote Löcher
  auf der rechten Seite.

Die Wacht am Rhein (Max Schneckenburger, 1840 geschrieben)

Es braust ein Ruf wie Donnerhall,
Wie Schwertgeklirr und Wogenprall:
Zum Rhein, zum Rhein,
*   zum deutschen Rhein!*
Wer will des Stromes Hüter sein?

Lieb' Vaterland, magst ruhig sein,
Fest steht und treu die Wacht,
*   die Wacht am Rhein!*

Durch Hunderttausend zuckt es schnell,
Und Aller Augen blitzen hell,
Der deutsche Jüngling, fromm und stark,
Beschirmt die heil'ge Landesmark.

Lieb' Vaterland, magst ruhig sein,
Fest steht und treu die Wacht,
*   die Wacht am Rhein!*

Er blickt hinauf in Himmelsau'n,
Wo Heldengeister niederschau'n,
Und schwört mit stolzer Kampfeslust:
„Du Rhein bleibst deutsch wie meine Brust."

Lieb' Vaterland, magst ruhig sein,
Fest steht und treu die Wacht,
*   die Wacht am Rhein!*

„Solang ein Tropfen Blut noch glüht,
Noch eine Faust den Degen zieht,
Und noch ein Arm die Büchse spannt,
Betritt kein Feind hier deinen Strand."

Lieb' Vaterland, magst ruhig sein,
Fest steht und treu die Wacht,
*   die Wacht am Rhein!*

Der Schwur erschallt,
*   die Woge rinnt,*
Die Fahnen flattern hoch im Wind:
Zum Rhein, zum Rhein,
*   zum deutschen Rhein!*
Wir Alle wollen Hüter sein!

Lieb' Vaterland, magst ruhig sein,
Fest steht und treu die Wacht,
*   die Wacht am Rhein!*

Auf dem Schlachtfeld von Woerth und Froeschwiller auf den Spuren des Krieges von 1870

Charakter/Länge/Gehzeit

Eine reine Wanderung über die Schlachtfelder zwischen Woerth und Froeschwiller ab dem Musée du Champ de bataille mitten in Woerth beträgt laut Parcours-Plan der Association des amis du musée 7,8 km mit geringen Höhenunterschieden. Ein größerer Teil der Runde ist asphaltiert. Wir würden den Weg übrigens in umgekehrter Richtung empfehlen. Da wir uns an den Erinnerungsstätten Zeit nehmen, können wir insgesamt, mit Mittagspause in Froeschwiller, auch in Anbetracht unserer Anfahrt, von einer Tagestour ausgehen.

Unsere Rundfahrt mit dem Pkw beginnt am Ehrenmal für die bayrischen Soldaten und führt über Elsasshausen nach Froeschwiller und weiter auf der

D 28 nach Reichshoffen. Von Reichshoffen führt eine schmale Straße direkt nach Schirlenhof und weiter nach Morsbronn, was für eine Rundfahrt die geschickteste Variante ist. Zurück in Woerth haben wir eine kleine zusätzliche Schleife gelegt, die uns über Langensoultzbach nach Froeschwiller und zurück nach Woerth bringt.

Markierung
Keine einheitliche Markierung für den Wanderweg, aber über den Hinweis „Sentier des Turcos" und über die Erinnerungsmäler leicht zu finden.

Einkehrmöglichkeiten
Bei der Wanderrunde ist eine Rucksackverpflegung ratsam, da Einkehrmöglichkeiten nur in Woerth existieren. Sonst gibt es in Reichshoffen und Morsbronn einige Essgelegenheiten.

Anfahrt
Von Norden her kommend über die A 5 bis Baden-Baden und an Hagenau vorbei nach Woerth. Von Süden her bietet sich eher die Ausfahrt Achern und der Weg über die A 35 und nach Hagenau an.

Wandersaison
Ganzjährig möglich.

(© OpenStreetMap-Mitwirkende)

Tour als Wanderung.

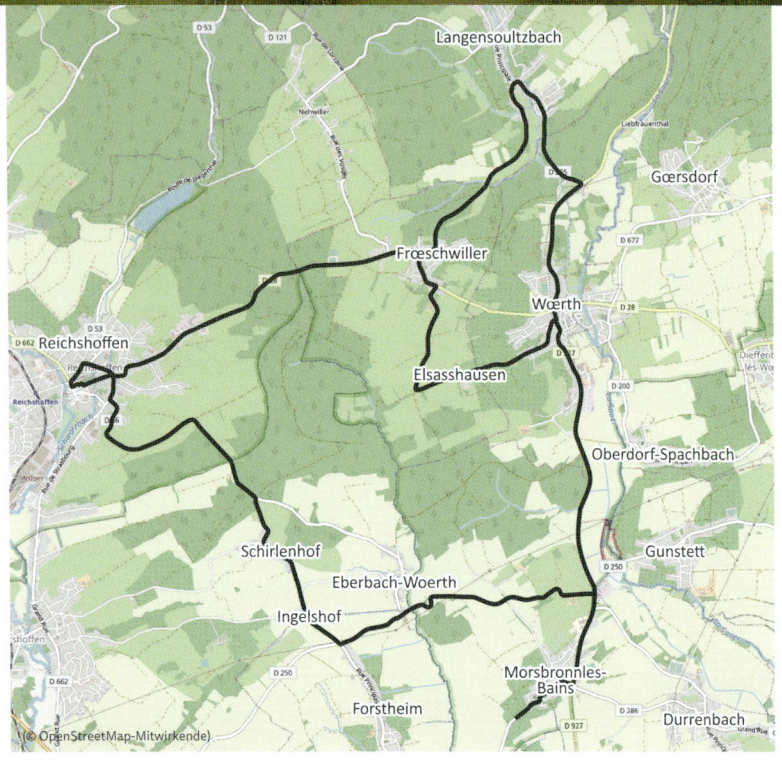

Tour mit dem Auto oder mit dem Fahrrad.

Unser Weg

Heersch, der Fritz lütt widder erinnert sich Raymond Frey an einen Nachbar seiner Kindheit im elsässischen Woerth. Abends wurde das Trottoir gekehrt, und wenn dann die Abendglocken läuteten, erzählte ihm der alte Herr von der wunderbaren Verwandlung einer Reiterstatue in drei Kirchenglocken. Und nicht irgendeiner Statue: Seit 1895 stand der preußische Kaiser Friedrich als riesiges Bronzegebilde vor den östlichen Toren des Ortes zur Erinnerung an die von ihm aus reichlich Distanz siegreich geführte Schlacht bei Woerth am 6. August 1870. Bis er nicht mehr gebraucht und die Statue von erinnerungsunwilligen Franzosen zu Kirchenglocken umgeschmolzen wurde.

Zur Erinnerung: Etwas mehr als 10 Tage sind seit der französischen Kriegserklärung im Juli 1870 vergangen, als Truppen aus Preußen, Bayern, Württemberg und Baden mit etwa 300.000 Mann vor den Toren der nordelsässischen Grenzstadt Weißenburg stehen. Die deutsche Übermacht ist erdrückend: Am 4. August wird die Stadt in wenigen Stunden eingenommen: Während sich die französischen Truppen zurückziehen, versuchen ihnen die Deutschen zu folgen. Der Kontakt mit dem Gegner geht jedoch verloren. Recht überraschend für beide Seiten stehen sich am frühen Morgen des 6. August rund um Woerth deutsche und französische Soldaten gegenüber. Sie hatten eigentlich erst für die nächsten Tage mit einem Zusammenstoß gerechnet. Und auch der Angriff der deutschen Seite geht jetzt eher auf Missverständnisse zurück als auf überlegte und geordnete Kriegstaktik. Aber es stehen an diesem regnerischen Samstagmorgen ca. 40.000 Franzosen und etwa 80.000 Deutsche bereit, im buchstäblichen Sinn von Angesicht zu Angesicht und bewaffnet nach dem neuesten Stand der damaligen Wehrtechnik. Eine menschliche Katastrophe nimmt ihren Lauf. Um 8 Uhr morgens fallen die ersten Schüsse, und um 5 Uhr nachmittags verlassen die letzten französischen Truppenteile fluchtartig Froeschwiller, um sich nach Reichshoffen weiter westlich zurückzuziehen. Nachdem er das Siegestelegramm seines Sohnes, des Kronprinzen Friedrich Wilhelm, erhalten hat, telegrafiert der König an seine Gemahlin: *Welches Glück, dieser neue große Sieg durch Fritz! Preise nur Gott für seine Gnade. MacMahon war verstärkt aus der Hauptarmee. Es soll Viktoria geschossen werden. Wilhelm.* Grausige Bilanz dieses *großen Sieges* zu Beginn des 1870er Krieges: auf beiden Seiten mehr als 10.000 Tote, eine unvorstellbare Zahl für wenige Quadratkilometer Landschaft. Heute weiß man: Hier wurde dieser Krieg von 1870 vorentschieden. Wenige Wochen später stehen deutsche Soldaten vor Paris. Im Januar wird der preußische König Wilhelm in Versailles zum deutschen Kaiser gekrönt. Elsass und ein Teil Lothringens werden zu deutschem Reichsland erklärt.

Schlachtfeld bei Woerth im Elsaß, um 1900 (Fr. Horning).

Auch heute Morgen hängen dichte Regenwolken über der Landschaft. Wir fahren von Froeschwiller nach Woerth, abwärts, mitten durch das damalige Schlachtfeld. Neben mir Raymond Frey, schon nach dem Zweiten Weltkrieg geboren und bis vor Kurzem einer der Guides der Stadt Woerth, Kenner des Deutsch-Französischen Kriegs. Kein studierter Historiker, sondern gelernter Radio- und Fernsehtechniker. Später Fahrschullehrer, wie sein Vater, aber schon von Kindesbeinen an an dem interessiert, was er zunächst einmal mit Verwunderung in seiner unmittelbaren Nachbarschaft entdeckt: Denkmäler für deutsche und französische Soldaten, so zahlreich und so vielfältig, dass er sich fragt, was sich dahinter verbirgt. Und heute fragen ihn andere.

Wir beginnen unsere Erinnerungsfahrt am Ortsrand von **Woerth** am heute auffälligsten Mahnmal dieser Schlacht: In einem ehemaligen Obstgarten auf einem mannshohen riesigen Sockel reicht ein beflügelter bayrischer Schutzengel – oder eine Siegesgöttin, wie wir in anderer Schrift lesen – einem sterbenden Krieger den Siegeslorbeer. Der Hinabsinkende mit der bayrischen Fahne im Arm, unter den beiden französische Waffen zerborsten. Zu Füßen des Sockels ein majestätischer Löwe. Grabstätte für nahezu 500 französische und deutsche Soldaten. Ein Wunder, dass dieses Denkmal für die bayrischen Soldaten bis heute überlebt hat. Über die **Route d'Elsasshausen** nähern wir uns einer ganzen Reihe von Ehrenmälern, vorbei an Straßen, deren Namen auch heute

Bayrisches Ehrenmal.

an den Krieg von 1870 erinnern: Rue du Général Michel oder rue du Général Maire. Linkerhand zunächst ein viel später errichtetes französisches Ehrenmal aus dem Jahr 1956: An dieser Stelle leitete der französische Generalstab die Schlacht. Es erinnert mit seinen vier Steinplatten an die verschiedenen Regimenter, die hier gekämpft haben: Zouaven und Turkos aus Nordafrika, die Infanterie, die Artillerie und die Kürassiere. Einige Schritte weiter zur Rechten ein Belvedere zum Gedenken an das Erste Artillerieregiment des Großherzogtums Hessen mit acht Kanonen rund um die erste Etage. Nach Elsasshausen berühren wir dann thüringischen Granit, vier Meter hoch, für das Fünfte In-

Französisches Ehrenmal.

fanterieregiment von Thüringen. Sechsundzwanzig Pferde mussten vor den Karren gespannt werden, um diesen Granitblock vom Woerther Bahnhof an diese Stelle zu transportieren, erklärt Raymond Frey. Schräg gegenüber brüllt der hessische Löwe in Richtung Paris: für das Dritte Kurhessische Infanterieregiment von Wittig, Nr. 83. Weitere Monumente, Einzelgräber, Massengräber. Als wir schon die ersten Häuser von **Froeschwiller** vor uns haben, weitere Grabstätten. Ein einfaches Grab für den französischen Colonel Henri de Lafutsun de Lacarre. Sein Schicksal ist auf einem Bild im Musée von Woerth festgehalten: Als erster Reiter des Dritten Französischen Kürassierregiments verliert er bei einem verzweifelten Angriff im Laufe des Nachmittags durch eine deutsche Granate den Kopf auf seinem Oberkörper. Pferd und Körper sollen einfach weitergeritten sein. Malerei als Heldenverehrung.

In Froeschwiller durchqueren wir den Ort, an der Friedenskirche vorbei und steuern in **Richtung Reichshoffen**. In der französischen Geschichtsschreibung wird die Schlacht bei Woerth als „Bataille de Reichshoffen" bezeichnet. Weil das französische Hauptquartier der Armee Mac-Mahons sich in Reichshoffen befand. Und weil das entscheidende Telegramm für Napoleon III. in Paris, das die Niederlage am Abend der Schlacht in aller Kürze mitteilte, von hier aus gesendet wurde. Auch die Menschen in Woerth und Froeschwiller sprechen heute von der „Bataille de Froeschwiller".

Französisches Ehrenmal für die Kürassiere von 1870 bei Reichshoffen.

Nachdem wir den Großen Wald hinter uns gelassen haben, schon in Sichtweite von Reichshoffen, halten wir auf der linken Straßenseite: Raymond Frey erklärt uns das 1970 eingeweihte französische Mémorial für die den Rückzug der Restarmee sichernden Kürassiere. Auffällig die Stufen, auf denen wir zunächst nach unten gehen, bevor wir über weitere Stufen deutlich nach oben geführt werden: Symbolische Architektur. Im **Zentrum des Städtchens Reichshoffen**, der „Cité des cuirassiers", betreten wir wenig später den an die Kirche St. Michel angrenzenden Friedhof. Die Kirche ist wegen ihrem imposanten Glockenturm, mit 72 m nach dem Straßburger Münster höchster Kirchturm des Elsass, nicht zu übersehen. Raymond Frey führt uns in den hinteren Teil des Friedhofs zum Ehrenmal für die 140 in den Lazaretten der Stadt gestorbenen Soldaten, die hier in einem Massengrab ihre letzte Ruhe gefunden haben. Daneben drei Offiziersgräber, unter ihnen ein gewisser Capitaine Prosper Eugène Houdin. Auch hier weiß unser Führer kulturgeschichtliche Zusammenhänge aufzuzeigen: Der spätere jüdisch-amerikanische Zauberkünstler Erich Weiss alias Harry Houdini hat seinen Künstlernamen in Anlehnung an Jean-Eugène Robert-Houdin, den Vater unseres Colonel, gefunden. Dieser war ein weit über Frankreich hinaus bekannter Zauberkünstler: In Paris hat er schon in den vierziger Jahren des 19. Jahrhunderts ein eigenes Zaubertheater eröffnet, das mit seinen *Soirées fantastiques* in ganz Europa einen klangvollen Namen besaß. Selbst vor Königen und Kaisern

zeigte er seine spektakulären Zauberkunst-
stücke. Die Stadt Blois an der Loire hat ihm
später das Maison de la Magie Robert-Hou-
dain gewidmet. Auch in Reichshoffen erinnern
uns Straßennamen wie rue des Zouaves oder
rue du Maréchal MacMahon an die Schlacht.
Dieser Marie Edme Patrice Maurice, Graf von
Mac-Mahon und Herzog von Magenta, war damals Kommandant der Ersten Französischen
Armee mit Sitz in Strasbourg, Maréchal de
France wegen seiner Verdienste um die französische Armee und wurde drei Jahre später
zum zweiten Staatspräsidenten der Dritten
(Französischen) Republik gewählt. Der impas-
se Claude Pagnier hinter der Kirche wird uns
nach Schirlenhof führen.
Nachdem wir Reichshoffen wieder verlassen
haben, kommen wir über zwei sehr schmale
Straßen, die D 86 und die D 149, in den kleinen
Weiler **Schirlenhof**, der uns den Anfang des

Kirche St. Michel in Reichshoffen.

Krieges von 1870 vor Augen führt. Genauer: den 25. Juli 1870. Wir suchen die
Erinnerungstafel für Claude Pagnier, an den in Reichshoffen eine kleine Sack-
gasse erinnerte. Schon haben wir das Dorfende von Schirlenhof erreicht, aber
keine „Auberge" zu sehen, von der unser Führer spricht. Da sehen wir plötzlich
an einem der letzten Bauernhöfe rechterhand eine kleine Erinnerungstafel: *A
la mémoire du Maréchal des logis Pagnier*, dem ersten französischen Opfer des
Krieges. Der badische Graf Ferdinand von Zeppelin – später als Vater der lenk-
baren Luftschiffe bekannt geworden – war am 24. Juli zusammen mit 11 Reitern
eines badischen Dragonerregiments von Karlsruhe aus ins Nordelsass hinein-
geritten, um Bewegungen der französische Armee zu erkunden. Unser Führer
Raymond schmunzelt: In Woerth war die Reitertruppe von Einwohnern dem
dortigen Gendarmen Michel Frey, einem Vorfahren unseres heutigen Führers,
als verdächtig gemeldet worden. Als die deutschen Reiter in Schirlenhof in
einer Auberge haltmachten, kam es zu einem Feuergefecht, bei dem Claude
Pagnier der erste offizielle französische Tote dieses Krieges werden sollte. Eine
kleine Anekdote: Als Graf Zeppelin und seine Begleiter Hals über Kopf davon-
stürzten, soll der Patron der Auberge gefragt haben: *Und wer bezahlt mir jetzt
die Rechnung der Herren?* Es soll ihm entgegnet worden sein: *La France est assez
riche pour ce faire.* Auf deutscher Seite soll das erste Opfer dieses Krieges ein
gewisser Leutnant Winsloe gewesen sein. An ihn erinnert heute keine Tafel,

TREU
BIS IN DEN
TOD

stellen wir fest. Als einzigem deutschen Überlebenden ist dem Grafen Zeppelin die Rückkehr nach Karlsruhe gelungen. Der aufmerksame Gendarm Michel Frey sei im Übrigen der Großvater von Alfred Kastler gewesen, dem späteren Physik-Nobelpreisträger von 1966, ergänzt Raymond. Quelle famille!

Unsere Fahrt führt uns weiter nach Morsbronn, in den Südabschnitt der Schlacht. Bevor wir auf die Verbindungsstraße Morsbronn-les-Bains nach Woerth treffen, sehen wir linkerhand in einer Rechtskurve, von Bäumen versteckt, das sog. Victoria-Denkmal des Sechsten Thüringer Infanterieregiments. Die Frau des späteren Kaisers Friedrich III. und Mutter Wilhelms II., Königin Victoria, britische Prinzessin aus dem Hause Sachsen-Coburg und Gotha, geht hier mit einem Thüringer Banner voran. Auf dem Sockel: *Treu bis in den Tod.* Und die hübsche Victoria blickt nach Osten in Richtung Sachsen.

Es geht weiter nach **Morsbronn**, heute „les-bains", ein Thermalort. Wir begeben uns zuerst an den südlichen Ortsausgang in **Richtung Laubach/Mertzwiller**, wo ein französisches Ehrenmal an die Kürassiere von Reichshoffen erinnert. Ein Bild im Musée von Woerth lässt den Todesritt der französischen Kürassiere lebendig werden: Als die Lage am südlichen Flügel der französischen Stellung am frühen Nachmittag dieses 6. August für die französische Seite immer bedrohlicher wurde, eilten zwei Kürassierregimenter der Brigade des Général Michel von Elsasshausen herbei, *in einem wahren Höllenritt*, wie es in einer zeitgenössischen Chronik heißt. Das Gemälde von Edouard Detaille aus dem Jahr 1874 führt dem heutigen Besucher vor Augen, wie diese französische Attacke abgelaufen sein muss. Wie in einen Flaschenhals ritten die französischen Kürassiere auf ihrem Weg die Dorfstraße von Morsbronn abwärts in die Falle, wo die in den Häusern verschanzten preußischen Soldaten sie von ihren Pferden schossen. Und wer nicht schon vorher zwischen Hopfenpflanzungen und Rebland oberhalb des Dorfes den Tod gefunden hatte, überlebte diese Schlachterei mitten im Dorf nicht.

Was bleibt? Wir fahren noch in den **Nordabschnitt des Schlachtfeldes**, wo das II. Bayrische Corps unter General Hartmann die französischen Truppen angriff. Dieser General Jakob von Hartmann habe im Übrigen eine hochinteressante militärische Laufbahn hinter sich gebracht, bis er an diesem 6. August des Jahres 1870 bei Langensoultzbach die bayrischen Soldaten befehligte, erzählt uns Raymond Frey. Im Pfälzer Maikammer geboren, mütterlicherseits mit französischem Blut in den Adern, schaffte er es in der französischen Armee bis zum Großoffizierskreuz der französischen Ehrenlegion, bevor er gegen sein Mutterland zum Kampf antrat. Seine militärischen Auszeichnungen lesen sich wie der Who's who der deutschen und französischen Armee. Gegenüber der „Auberge aux 7 chênes" stehen wir am Grabmal von

Leutnant Rudolf Weinmann, geboren in Posen, 21 Jahre alt, als er hier sterben musste. *Ruhe sanft, mein liebes Kind*, lesen wir auf dem roten Sandstein. *Quelle connerie, la guerre.* Welch ein Irrsinn.

Über das schmucke Örtchen **Langensoultzbach** erreichen wir auf einer schmalen Landstraße wieder **Froeschwiller**, wo wir am Morgen gestartet sind. Dabei streifen wir fast den seit einigen Jahren geschaffenen „Turkospfad", einen einstündigen „Spaziergang mit sehr schöner Aussicht auf die nähere Umgebung und einen Teil des Schlachtfeldes", wie wir auf einem Infoblatt der Gemeinde Woerth lesen können. In diesem Wald war es, wo damals die schrecklichen Kämpfe Mann gegen Mann von Preußen und Bayern gegen Zouaven und Turkos stattgefunden haben.

„Und heute?", fragen wir uns. Wenn wir auf das 20. Jahrhundert zurückblicken, stellen wir fest: Die Nachgeborenen auf beiden Seiten haben nichts gelernt.

Es lohnt sich, diesem so nahen Erinnerungsort unserer gemeinsamen deutsch-französischen Geschichte einen Besuch abzustatten.

PS: Unbedingt sehenswert ist das Musée de la bataille du 6 aout 1870 in Woerth, 2 rue du Moulin!

Adelbert von Chamisso – Das Riesenspielzeug

Zur Burg Nideck bei Oberhaslach im Bruchetal

Zur Burg Nideck bei Oberhaslach im Bruchetal

Diese bequeme Wanderung in den mittleren Vogesen führt in eine romantische Ballade des 19. Jahrhunderts und auf die ehemalige Burg Nideck, von der nur Ruinen geblieben sind. Sie liegt unweit von Straßburg in einem Nebental des Bruchetals.

Adelbert von Chamisso

Er ist einer der weniger bekannten Dichter der deutschen Romantik. Louis Charles Adelaide de Chamisso wurde am 30. Januar 1781 auf dem väterlichen Stammschloss Boncourt in der Champagne geboren. Seine Familie floh 1790 aus dem revolutionären Frankreich und ließ sich schließlich in Berlin nieder. Er wurde preußischer Offizier und später Naturforscher und Mitglied der Berliner Akademie der Wissenschaften. Zeit seines Lebens waren Frankreich und Deutschland seine beiden Vaterländer: So begann er seine Dichtungen auf Französisch und machte daraus deutsche Verse. Seine bekannteste Erzählung ist *Peter Schlemihls wundersame Geschichte* vom Mann, der seinen Schatten verkaufte, heute Weltliteratur.

Adelbert von Chamisso

Das Gedicht

Auf den ersten Blick: ein hübsches Gedicht mit einer lehrhaften Geschichte in einem ruhig dahinfließenden Rhythmus. Doch wie häufig bei guten Texten steckt mehr dahinter. Wie andere Dichter dieser ersten Hälfte des 19. Jahrhunderts greift Chamisso bewusst auf alte Geschichten zurück, um das damalige Zeitgeschehen politisch zu kommentieren. Die Erzählung vom Riesenfräulein hat er gegenüber der Darstellung bei den Gebrüdern Grimm nicht verändert. Respekt im Umgang mit den Kleinen und Schwachen der Gesellschaft wird verlangt, denn auch die Großen fußten auf der Arbeit der Kleinen. Als Rahmen hinzugefügt hat Chamisso die gleichlautende Eingangs- und die Schlusstrophe. Und politisch heißt hier: Die Zeit der Ritter und Riesen ist längst vorbei, schon lange verfallen sind deren Stätten. Der liberale Bürger und Denker des 19. Jahrhunderts wartet auf gesellschaftliche Veränderungen. Denn die Gesellschaft ist immer noch so organisiert wie zur Zeit der Riesen. Doch wir sind immerhin im Deutschland des beginnenden 19. Jahrhunderts. Und während in anderen Teilen Europas die Erde bebt, warten hierzulande freiheitlich denkende Köpfe noch auf Veränderungen. So etwa könnte eine gesellschaftspolitische Interpretation der Ballade lauten.

Die eigentliche Geschichte des Gedichts geht auf eine Sage zurück, die die Brüder Grimm gesammelt haben. Ein Ritter- und Riesenfräulein geht in der Landschaft spazieren und nähert sich dem Dorf Haslach im Tal. Da sieht sie einen Bauern, der mit zwei Pferden und einem Pflug seinen Acker bearbeitet. Ganz entzückt sammelt sie das Gesehene wie ein Spielzeug in ein Tüchlein und bringt es ihrem Vater auf die Burg zurück. Der Vater, ganz Lehrmeister, erklärt seiner Tochter, warum ein Bauersmann kein Spielzeug sei. Er sorge dafür, dass auch Ritter zu essen haben und sei überlebensnotwendig für jede Gesellschaft. So muss das enttäuschte Töchterlein das Fuhrwerk wieder zurückbringen.

Das Riesenspielzeug (1831)

Burg Nideck ist im Elsaß
    der Sage wohlbekannt,
die Höhe, wo vorzeiten
    die Burg der Riesen stand;
sie selbst ist nun verfallen,
    die Stätte wüst und leer,
du fragest nach den Riesen,
    du findest sie nicht mehr.

Einst kam das Riesenfräulein
    aus jener Burg hervor,
erging sich sonder Wartung
    und spielend vor dem Tor
und stieg hinab den Abhang
    bis in das Tal hinein,
neugierig zu erkunden,
    wie's unten möchte sein.

Mit wen'gen raschen Schritten
    durchkreuzte sie den Wald,
erreichte gegen Haslach
    das Land der Menschen bald,

und Städte dort und Dörfer
    und das bestellte Feld
erschienen ihren Augen
    gar eine fremde Welt.

Wie jetzt zu ihren Füßen
    sie spähend niederschaut,
bemerkt sie einen Bauer,
    der seinen Acker baut;
es kriecht das kleine Wesen einher
    so sonderbar,
es glitzert in der Sonne
    der Pflug so blank und klar.

„Ei! artig Spielding!" ruft sie,
    „das nehm' ich mit nach Haus!"
Sie knieet nieder,
    spreitet behend ihr Tüchlein aus
und feget mit den Händen,
    was sich da alles regt,
zu Haufen in das Tüchlein,
    das sie zusammenschlägt,

und eilt mit freud'gen Sprüngen,
    man weiß, wie Kinder sind,
zur Burg hinan und suchet
    den Vater auf geschwind:
„Ei Vater, lieber Vater,
    ein Spielding wunderschön!
So Allerliebstes sah ich noch nie
    auf unsern Höh'n."

Der Alte saß am Tische
    und trank den kühlen Wein,
er schaut sie an behaglich,
    er fragt das Töchterlein:
„Was Zappeliges bringst du
    in deinem Tuch herbei?
Du hüpfest ja vor Freuden;
    laß sehen, was es sei."

Sie spreitet aus das Tüchlein
    und fängt behutsam an,
den Bauer aufzustellen,
    den Pflug und das Gespann;
wie alles auf dem Tische
    sie zierlich aufgebaut,
so klatscht sie in die Hände
    und springt und jubelt laut.

Der Alte wird gar ernsthaft
    und wiegt sein Haupt und spricht:
„Was hast du angerichtet?
    Das ist kein Spielzeug nicht!
Wo du es hergenommen,
    da trag es wieder hin,
der Bauer ist kein Spielzeug,
    was kommt dir in den Sinn?"

Sollst gleich und ohne Murren
    erfüllen mein Gebot;
denn wäre nicht der Bauer,
    so hättest du kein Brot;
es sprießt der Stamm der Riesen
    aus Bauernmark hervor,
der Bauer ist kein Spielzeug,
    da sei uns Gott davor

Burg Nideck ist im Elsaß
    der Sage wohl bekannt,
die Höhe, wo vor Zeiten
    die Burg der Riesen stand;
sie selbst ist nun verfallen,
    die Stätte wüst und leer,
und fragst Du nach den Riesen,
    du findest sie nicht mehr.

Unterwegs zum Felsennest – Le circuit des ruines

Charakter/Länge/Gehzeit

Unsere hier vorgeschlagene Wanderung entspricht dem „Circuit des ruines",
wie er vor Ort angegeben ist. Er ist allerdings nicht durchgehend gekennzeichnet. Wir haben mit kleineren Pausen rund 4 ½ Stunden gebraucht.
Der Weg führt fast gänzlich durch Wald, hat einen Höhenunterschied von je
300 m bergauf wie bergab und ist leicht begehbar. Im Abstieg ab den „Anlagen" sollte man genau auf die Wegmarkierung achten, die mehrfach schwer
zu erkennen ist.

Markierung

Der GR 53, den wir vom Parkplatz bis zu den Burgruinen benutzen, ist durch ein rotes Rechteck gekennzeichnet. Dort nehmen wir den GR 532 mit einem blauen Kreis, der ab dem Forsthaus du Nideck zum GR 531 wird, mit blauem Kreis oder auch mit blauem Rechteck. Beim Abstieg ab den „Anlagen" führt uns ein blaues Dreieck. Die Abzweigung vom Hauptweg zur nicht sichtbaren Ruine Hohenstein rechts in den Wald hinunter wird allein durch einen gelben Kreis und das blaue Dreieck angezeigt. Im Haseltal unten erreichen wir wieder den GR 53 mit seinem roten Rechteck auf der rechten Talseite.

Einkehrmöglichkeiten

Bei der Wanderung ist man auf seine Rucksackverpflegung angewiesen. In Oberhaslach selbst bieten sich die „Hostellerie Saint-Florent" und die „Auberge du Nideck" in der rue du Nideck, das „Restaurant „Aux ruines du Nideck" und das „Lotel" in der rue de Molsheim für einen würdigen elsässischen Abschluss an.

Anfahrt

Man verlässt die A 5 mit der Ausfahrt 55 bei Offenburg und fährt über die L 98 in Richtung Westen direkt auf die Pflimlinbrücke zu, die geschickteste Verbindung in diesen Teil des Elsass, wenn man Straßburg vermeiden will. Es gibt seit kurzem eine direkte Straßenverbindung zur A 352 in Richtung Flughafen Entzheim und Molsheim. Wenn diese Autobahn auf der Höhe von Molsheim nach Süden abbiegt, geht es für uns geradeaus weiter nach Westen auf die N 420 ins Bruchetal hinein. Wir verlassen diese gut ausgebaute Nationalstraße, wenn Nieder- und Oberhaslach und die Cascades du Nideck angegeben werden, durchqueren die beiden Dörfer auf der D 218 und erreichen dem Tal der Hasel folgend nach einigen Kilometern den Parkplatz unterhalb des Wasserfalls und der Ruinen von Nideck.

Unser Weg

Und dabei hatte alles so schön begonnen heute Morgen. Blauer Himmel, strahlender Sonnenschein, Wandertemperatur. Als wir auf die Vogesen und das Bruchetal zufahren, erscheint eine dunkle Wolkenwand vor uns, ganz tief hängend. Wir lassen uns nicht schrecken, fahren weit ins Tal der Hasel hinein, nachdem wir die herausgeputzten Dörfer von **Niederhaslach** und **Oberhaslach** hinter uns gelassen haben. Ziel: Parking Cascade et ruines du Nideck. Wir sind nicht allein. Ein schwedisches Paar, für eine Woche in Oberhaslach, macht sich ebenfalls auf den Weg zum Wasserfall und zur Burgruine. Sie weisen uns auf den „Sentier de Sculptures" hin, den sie gestern gegangen sind. Chamissos *Riesenspielzeug* zeigt ihnen, warum die Sandsteinkunstwerke auf Riesen verweisen:

Burg Niedeck steht im Elsass,
der Sage wohlbekannt
Die Höhe wo dereinst
die Burg der Riesen stand

Das Schloss ist nun verfallen,
die Stätte öd und leer
Und fragst du nach den Riesen,
du findest sie nicht mehr.

Und dann gehen wir los. Vor dem Café du Nideck führt rechter Hand ein Weg langsam ansteigend – Hinweistafel **Cascades Ruines Nideck – GR 53** in ein Seitentälchen. Durch reichlich Mischwald leitet uns das rote Rechteck auf den Wasserfall zu, den wir nach 30 Minuten erreichen. Der Bach muss hier eine steile Felsstufe aus altem Porphyr überwinden, vielleicht 30 m im freien Fall. Eine eher bescheidene Cascade. Uns helfen die Stufen, die fleißige Hände daneben angelegt haben, um die Höhe besser zu überwinden. Ob sie dabei an Riesen-Beine gedacht haben? Leichter geht's daneben. Oben eine Aussichtsplattform mit etwas Aussicht auf viel Wald. Diesen Wald werden wir heute stets als Begleiter haben. Nach einem letzten Aufschwung sind wir an der ersten der beiden Burgreste angekommen, am Wehr- oder Wachturm (donjon carré). Nicht begehbar. An der Nordseite erinnert eine Bronzetafel

des Vogesenklubs aus dem Jahr 1884 an Adelbert von Chamisso und unser Gedicht vom Riesenspielzeug. Ein grünes Zweiglein im Mauerwerk sollte den Dichter erfreuen. Er blickt ungnädig gen Westen. Vielleicht stört ihn auch, dass die Hinweistafel auf die ruines du Nideck schon in die Jahre gekommen ist: schwer zu entziffern. Trotzdem erkennen wir, dass ein zweiter Burgrest existieren muss, hinter schier undurchdringlichen Bäumen. 50 m oberhalb des Turms steigen wir auf eine gesicherte Plattform und einen ebenfalls begehbaren Turm. Hier über den Baumwipfeln haben wir einen ersten schönen Ausblick auf das darunter liegende Haseltal und den dahinter liegenden

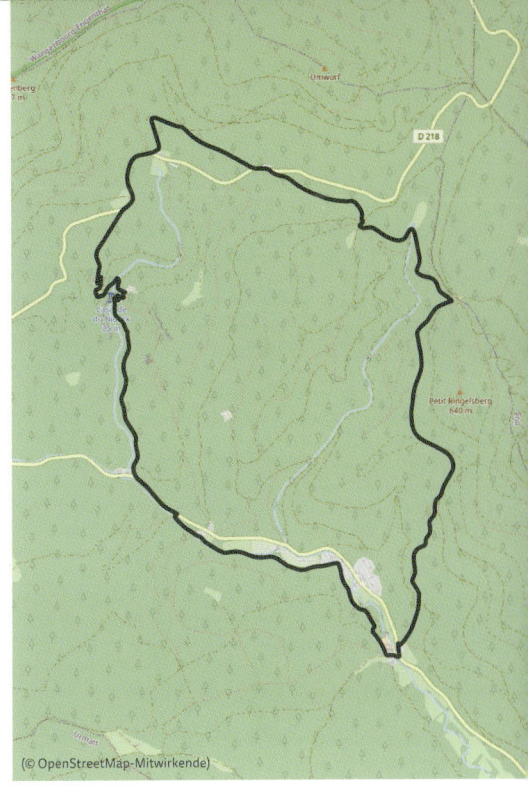

(© OpenStreetMap-Mitwirkende)

Rocher de Mutzig mit dem Petit Katzenberg, immerhin mit um die 1000 m Meereshöhe.

Vom donjon carré aus leitet uns der fast ebene GR 532 in 20 Minuten durch lichteren Wald zum Forsthaus Nideck an der D 218. Entlang an einem munter springenden Bächlein. Leider müssen wir jetzt für einen Kilometer am Rand der Straße in Richtung Osten gehen. Dieser GR 531 ist spärlich markiert mit einem blauen Rechteck. Nach einer Viertelstunde sehen wir den schmalen „Sentier des pèlerins", der rechts am Straßenrand abzweigt. Ein Hinweis auf frühere Pilger, die aus Lothringen zu den sterblichen Überresten des Heiligen Florentius in Oberhaslach gewallfahrtet sein sollen. Wir queren die eine oder andere Forststraße, die von hier aus nach unten ins Tal der Hasel führt – sollen wir abkürzen? –, bewundern das grüne Juwel des Etang du Kasperlehep („Baignade interdite"?) und erreichen nach weiteren 15 Minuten die **Anlagen**, die uns ratlos zurücklassen. In der Mairie von Oberhaslach erfahren wir später, dass in früheren Jahren an dieser Stelle eine Hütte zum Schutz der Pilger

St. Florentius in Niederhaslach.

gestanden haben soll. Heute weist nichts mehr darauf hin. Der Eremit Saint-Florent soll im damaligen Kloster Haslach Tiere gesegnet haben, später war er immerhin Bischof von Straßburg. Doch das ist lange her. Aber noch heute ist die **gotische Stiftskirche** in Niederhaslach mit ihren prächtig farbigen Kirchenfenstern Wallfahrtsort, vorzugsweise Anfang November, nachdem im beginnenden 9. Jahrhundert die Reliquien des Heiligen Florentius von Straßburg nach Haslach überführt wurden.

Wir verlassen jetzt diesen Pilgerweg und folgen dem Schild **Ruines Hohenstein 20 Min** zurück ins Tal. Schon kurz danach, bei einer Abzweigung links in Richtung Ringelstein, müssen wir aufpassen. Wir gehen den Hauptweg nicht weiter, sondern achten auf einen schmalen Pfad in den Wald nach rechts unten, der mit **blauem Dreieck** und **gelbem Kreis** gekennzeichnet ist. Eine heikle Wegstelle, die leicht übersehen werden kann. Auch wir haben uns hier getäuscht und sind weitergegangen. Was den Vorteil hatte, dass wir die ersten (oder letzten) Kunstwerke des „Sentier de sculptures" in Augenschein nehmen konnten: *Existe-t-il ou n'existent-ils pas?* Was der eigenen Interpretation einen gewissen Spielraum lässt. Geht es hier um die Riesen aus dem Chamisso-Gedicht oder um mehr? Und: *Le royaume du laboureur*, das uns eher an das Spielzeug in unserem romantischen Gedicht erinnert:

> Wie jetzt zu ihren Füßen
> sie spähend niederschaut,
> Bemerkt sie einen Bauern,
> der seinen Acker baut;

> Es kriecht das kleine Wesen einher
> so sonderbar,
> Es glitzert in der Sonne
> der Pflug so blank und klar.

Auf alle Fälle sollten wir an der Ruine von Hohenstein nicht einfach vorbeigehen, denn sie bietet uns, hinter Bäumen versteckt, den schönsten Ausblick
dieser Wanderung. Zwei Studenten aus Nancy mit ihren Mountainbikes weisen uns den richtigen Weg. Sie sind unterwegs zwischen Süd- und Nordvo-
gesen, mit ihrem Zelt und jeweils zehn Kilo Rucksackgepäck. Merci Jules et
Jim und Bonne route! Direkt unter uns liegt jetzt das Haseltal mit dem Ausgangspunkt unserer Wanderung und dahinter das weite Bruchetal mit dem
Mahnmal am ehemaligen Konzentrationslager von Natzweiler-Struthof. Und
dahinter die Höhen um das Champ du Feu mit den höchsten Gipfeln dieses
Teils der Vogesen. Beim weiteren Abstieg, recht steil, müssen wir mehrmals
auf den genauen Weg achten, da hier die Markierung und die Wegführung
nicht immer eindeutig sind. Nach weiteren 20 Minuten erreichen wir, an weiteren Skulpturen vorbei, das **Forsthaus Hohenstein** im Tal. Wir gehen links
50 m an der Straße und erreichen über einen kurzen Weg die andere Seite
des Haseltals, die wir jetzt, bachaufwärts immer oberhalb des Bachlaufs, auf
dem GR 53 für etwa 45 Minuten begehen. Hinter dem **Camping Luttenbach**
geht es wieder auf die Straße zurück und nach wenigen Metern sind wir wieder am Ausgangspunkt unseres „Circuit des ruines".

Büchners Novelle „Lenz"

Rund um Waldersbach im oberen Bruchetal

Büchners Novelle „Lenz"

Rund um Waldersbach im oberen Bruchetal

Eigentlich sollte man diesen Weg im Winter gehen. Wenn möglich im Januar. Vielleicht an einem 20. Jänner. *Den 20. Jänner ging Lenz durch's Gebirg.* So beginnt der jung gestorbene Dramatiker Georg Büchner seine Erzählung über den kranken Dichter Jakob Michael Reinhold Lenz. Lenz kam damals vom badischen Emmendingen her, zu Fuß, er muss einige Tage unterwegs gewesen sein und wird wohl von Süden her durch diesen Teil der Vogesen gegangen sein – wenn man Büchners Text aufs Wort glauben kann.

Georg Büchner

Georg Büchner zählt zu den unvollendeten Schriftstellern deutscher Sprache. Er wurde am 17. Oktober 1813 bei Darmstadt im damaligen Großherzogtum Hessen geboren. Er studierte in Straßburg und Gießen Medizin und musste schon früh wegen seiner politisch revolutionären Schriften sein Land verlassen. Büchner promovierte in Straßburg und wurde Privatdozent für Vergleichende Anatomie an der Universität Zürich. Er starb am 19. Februar 1837 in Zürich. Trotz seines frühen Todes hat Büchner einige Theaterstücke verfasst, die auch heute auf europäischen Bühnen zu sehen sind, daneben die Erzählung *Lenz.*

Georg Büchner

Büchners Novelle „Lenz"

Es ist ein fremdartiger Text, den uns der jung gestorbene Georg Büchner aus den 30er Jahren des 19. Jahrhunderts hinterlassen hat. Ein Fragment, unvollendet also, mit einigen Lücken. Büchner soll den Text selbst als Novelle geplant haben, also als eine Erzählung mit dramatischem Charakter. Ohne den Aufsatz des Pastors Oberlin würde der Text Büchners wohl nicht existieren, denn Büchner hat vieles wörtlich aus dem 15-seitigen Bericht von Oberlin übernommen, anderes seinen Vorstellungen entsprechend umgestaltet. *Der Dichter Lenz, im Steinthale* war Oberlins Titel.

Büchner berichtet von einem etwa dreiwöchigen Aufenthalt des damals in Straßburg lebenden Dichters Lenz bei dem schon zu dieser Zeit im Elsass bekannten jungen Pfarrer Oberlin. Lenz erhofft sich Besserung seiner angegriffenen Gesundheit durch das Zusammentreffen mit dem protestantischen Pastor, den ihm Freunde in Straßburg empfohlen haben. Es ist Winter, Ende Januar, als Lenz zu Fuß, vom Gebirge her, nachdem er sich in Emmendingen aufgehalten hatte, ins Waldersbacher Tal hinabsteigt. Eine Winterreise wie die romantische Winterreise eines Franz Schubert bzw. eines Ludwig Müller, fast gleichzeitig geschrieben. Büchner stellt uns mit Lenz einen begabten jungen Mann vor, einen Studienfreund des jungen Goethe, der im Begriff ist, *wahnsinnig* zu werden. Der an beginnender Schizophrenie leidet, wie die Fachmediziner heute sagen würden. Büchner kommentiert nicht und analysiert nicht, er gewährt uns Einblicke in das Innere eines sich in diesem Sinne verändernden Menschen. Ein moderner Text aus unserer Sicht, denn so hat zu dieser Zeit noch kein anderer europäischer Autor geschrieben. Mögliche Ursachen seiner Krankheit werden von Büchner nur am Rande erwähnt, werden offengelassen: die Probleme mit dem strengen Vater, immerhin höchster protestantischer Würdenträger in der Provinz Kurland im zaristischen Russland; oder der Bruch mit dem ehemaligen Freund Goethe und dem Herzogshof von Weimar; oder die unerwiderte Liebe zu der von Goethe sitzengelassenen Friederike Brion aus Sesenheim; oder die gesellschaftlichen Verhältnisse, die im zu Ende gehenden 18. Jahrhundert einem begabten Dichter kaum Existenzmöglichkeiten bieten. Schließlich schickt ihn auch Oberlin fort, setzt ihn in eine Kutsche, die ihn über das Bruchetal, an Molsheim vorbei, über Ensisheim, wieder nach Straßburg bringen soll. Und dabei hatte sich der kranke Dichter Lenz so viel von seinem Aufenthalt bei Pastor Oberlin versprochen. Lenz wird in Straßburg mehr oder weniger funktionieren und wird doch weiterhin auf der Flucht vor sich selbst durch halb Europa sein und vier Jahre später auf einer Straße im Herzen von Moskau tot aufgefunden werden.

Ein kurzer intensiver Text, der dem Leser einiges abverlangt: Büchner zeigt uns die Natur des Steintales und der Vogesen durch die zerrissene Seele des Lenz, in einer Art Spiegel-Technik, die bis dahin noch kein europäischer Schriftsteller versucht hatte. Was die Lektüre nicht einfach macht. Aber vielleicht kann man deshalb auch sagen: ein kleines Stück Weltliteratur ist Büchner hiermit gelungen.

Georg Büchner, Lenz:

Den 20. (Jänner) ging Lenz durch's Gebirg. Die Gipfel und hohen Bergflächen im Schnee, die Täler hinunter graues Gestein, grüne Flächen, Felsen und Tannen. Es war naßkalt, das Wasser rieselte die Felsen hinunter und sprang über den Weg. Die Äste der Tannen hingen schwer herab in die feuchte Luft. Am Himmel zogen graue Wolken, aber alles so dicht, und dann dampfte der Nebel herauf und strich schwer und feucht durch das Gesträuch, so träg, so plump. Er ging gleichgültig weiter, es lag ihm nicht's am Weg, bald auf- bald abwärts. Müdigkeit spürte er keine, nur war es ihm manchmal unangenehm, daß er nicht auf dem Kopf gehn konnte. Anfangs drängte es ihm in der Brust, wenn das Gestein so wegsprang, der graue Wald sich unter ihm schüttelte, und der Nebel die Formen bald verschlang, bald die gewaltigen Glieder halb enthüllte; es drängte in ihm, er suchte nach etwas, wie nach verlornen Träumen, aber er fand nichts. Es war ihm alles so klein, so nahe, so naß, er hätte die Erde hinter den Ofen setzen mögen, er begriff nicht, daß er so viel Zeit brauchte, um einen Abhang hinunter zu klimmen, einen fernen Punkt zu erreichen; er meinte, er müsse Alles mit ein Paar Schritten ausmessen können. Nur manchmal, wenn der Sturm das Gewölk in die Täler warf, und es den Wald herauf dampfte, und die Stimmen an den Felsen wach wurden, bald wie fern verhallende Donner, und dann gewaltig heran brausten, in Tönen, als wollten sie in ihrem wilden Jubel die Erde besingen, und die Wolken wie wilde wiehernde Rosse heransprengten, und der Sonnenschein dazwischen durchging und kam und sein blitzendes Schwert an den Schneeflächen zog, so daß ein helles, blendendes Licht über die Gipfel in die Täler schnitt; oder wenn der Sturm das Gewölk abwärts trieb und einen lichtblauen See hineinriß, und dann der Wind verhallte und tief unten aus den Schluchten, aus den Wipfeln der Tannen wie ein Wiegenlied und Glockengeläute heraufsummte, und am tiefen Blau ein leises Rot hinaufklomm, und kleine Wölkchen auf silbernen Flügeln durchzogen und alle Berggipfel scharf und fest, weit über das Land hin glänzten und blitzten, riß es ihm in der Brust, er stand, keuchend, den Leib vorwärts gebogen, Augen und Mund weit offen, er meinte, er müsse den Sturm in sich ziehen, Alles in sich fassen, er dehnte sich aus und lag über der Erde, er wühlte sich in das All hinein, es war eine Lust, die ihm wehe tat; oder er stand still und legte das Haupt in's Moos und schloß die Augen halb, und dann zog es weit von ihm, die Erde wich unter ihm, sie wurde klein wie ein wandelnder Stern und tauchte sich in einen brausenden Strom, der seine klare Flut unter ihm zog. Aber es waren nur Augenblicke, und dann erhob er sich nüchtern, fest, ruhig als wäre ein Schattenspiel vor ihm vorübergezogen, er wußte von nichts mehr. Gegen Abend kam er auf die Höhe des Gebirgs, auf das Schneefeld, von wo man wieder hinabstieg in die Ebene nach Westen, er setzte sich oben nieder. Es war gegen Abend ruhiger geworden; das Ge-

wölk lag fest und unbeweglich am Himmel, so weit der Blick reichte, nichts als Gipfel, von denen sich breite Flächen hinabzogen, und alles so still, grau, dämmernd; es wurde ihm entsetzlich einsam, er war allein, ganz allein, er wollte mit sich sprechen, aber er konnte, er wagte kaum zu atmen, das Biegen seines Fußes tönte wie Donner unter ihm, er mußte sich niedersetzen; es faßte ihn eine namenlose Angst in diesem Nichts, er war im Leeren, er riß sich auf und flog den Abhang hinunter. Es war finster geworden, Himmel und Erde verschmolzen in Eins. Es war als ginge ihm was nach, und als müsse ihn was Entsetzliches erreichen, etwas das Menschen nicht ertragen können, als jage der Wahnsinn auf Rossen hinter ihm. Endlich hörte er Stimmen, er sah Lichter, es wurde ihm leichter, man sagte ihm, er hätte noch eine halbe Stunde nach Waldbach. Er ging durch das Dorf, die Lichter schienen durch die Fenster, er sah hinein im Vorbeigehen, Kinder am Tische, alte Weiber, Mädchen, Alles ruhige, stille Gesichter, es war ihm als müsse das Licht von ihnen ausstrahlen, es ward ihm leicht, er war bald in Waldbach im Pfarrhause.

Wilhelm Müller: aus „Die Winterreise" (1824)

Der Lindenbaum

Am Brunnen vor dem Tore
Da steht ein Lindenbaum:
Ich träumt in seinem Schatten
So manchen süßen Traum.

Ich schnitt in seine Rinde
So manches liebe Wort;
Es zog in Freud und Leide
Zu ihm mich immerfort.

Ich mußt auch heute wandern
Vorbei in tiefer Nacht,
Da hab ich noch im Dunkel
Die Augen zugemacht.

Und seine Zweige rauschten,
Als riefen sie mir zu:
„Komm her zu mir, Geselle,
Hier findst du deine Ruh!"

Die kalten Winde bliesen
Mir grad ins Angesicht,
Der Hut flog mir vom Kopfe,
Ich wendete mich nicht.

Nun bin ich manche Stunde
Entfernt von jenem Ort,
Und immer hör ich's rauschen:
Du fändest Ruhe dort!

Der Wegweiser

Was vermeid ich denn die Wege,
Wo die andren Wandrer gehn,
Suche mir versteckte Stege
Durch verschneite Felsenhöhn?

Habe ja doch nichts begangen,
Daß ich Menschen sollte scheun –
Welch ein törichtes Verlangen
Treibt mich in die Wüstenein?

Weiser stehen auf den Straßen,
Weisen auf die Städte zu,
Und ich wandre sonder Maßen,
Ohne Ruh, und suche Ruh.

Einen Weiser seh ich stehen
Unverrückt vor meinem Blick;
Eine Straße muß ich gehen,
Die noch keiner ging zurück.

Unsere Winterreise: Jean Frédéric Oberlin und Michael Reinhold Lenz – ein ungleiches Paar

Charakter/Länge/Gehzeit

Unsere Winterwanderung entspricht der von Ruth und Anne Mariotte vorgeschlagenen Tour „Oberlin – Soldat Gottes – Rund um Waldersbach im Steintal" (Wandern in Elsass und Vogesen: vgl. Literatur). Es handelt sich um eine eher leichte Wanderung bei einer Gehzeit von etwa vier Stunden, die eine oder andere Pause eingerechnet. Natürlich kann die Tour auch in anderen Jahreszeiten begangen werden. Wir haben sie – wegen der Übereinstimmung mit der literarischen Lenz-Wanderung – im Winter gemacht, bei leichter Schneeauflage. Eine sehr schöne Stimmung, in der sich der Büchner-Text manchmal wunderbar nachempfinden lässt. Die Höhenunterschiede sind gering: Waldersbach liegt auf 492 m ü. NN, Belmont als höchster Punkt der Wanderung weist 780 m auf.

Markierung

Das Sträßchen durch den Ort Waldersbach hoch zum Friedhof – la Montée Oberlin – und der Weg weiter bis zum Col de la Perheux sind nicht markiert. Am Col sind einige Wegweiser aufgestellt: Wir folgen dem gelben Dreieck bis Belmont. Am unteren Dorfende von Belmont angekommen, stehen uns gleich zwei Zeichen zur Verfügung: Der rote Kreis begleitet den Wanderer abwärts direkt nach Waldersbach hinab, während das blaue Kreuz vielleicht schon 100 m weiter links nach Bellefosse hinüberführt. Dort zeigt ein gelbes Kreuz ab der Ortsmitte den Weg nach Waldersbach zurück.

Einkehrmöglichkeiten

Die Ferme-Auberge Ban-de-la Roche in Bellefosse ist dieses Jahr von Mittwoch bis Sonntag geöffnet (+33 3 88 97 35 25). Fast das ganze Jahr offen ist das schicke Hotel-Restaurant Chez Julien in Fouday gleich unten im Bruchetal am Eingang ins Steintal (www.hoteljulien.com). Eine gute Adresse ist auch die Auberge Metzger in Natzwiller im Tal davor, auf dem Weg zum Struthof (55, rue principale Tel. +33 3 88 97 02 42, www.hotel-aubergemetzger.com).

Sie ist vor einigen Jahren vom Elsässer Gourmet-Führer Guide Pudlowski zum Restaurant des Jahres 2013 gekürt worden.

Anfahrt

Man verlässt die A 5 mit der Ausfahrt 55 bei Offenburg und fährt über die L 98 in Richtung Westen direkt auf die Pflimlinbrücke zu, die geschickteste Verbindung in diesem Teil des Elsass, wenn man Straßburg vermeiden will. Nun fährt man auf der französischen Seite immer geradeaus – über ein neues Straßenstück –, bis man auf der Autoroute A 352 landet. Wenn diese Autobahn auf der Höhe von Molsheim nach Süden abbiegt, geht es für uns geradeaus weiter nach Westen auf der N 420 ins Bruchetal hinein. Wir bleiben auf dieser gut ausgebauten Straße über Schirmeck hinaus bis Fouday, wo wir beim Hotel-Restaurant Chez Julien ins Steintal einbiegen. Kurz vor Fouday fahren wir über die steinerne Pont de Charité, die Brücke der Barmherzigkeit, die Oberlin noch selbst mit den Bauern des oberen Bruchetals anlegte, um die Isolierung dieses abgeschiedenen Talabschnitts zu überwinden. Vor über 200 Jahren. Die D 57 führt uns von Fouday nach Waldersbach, wo wir, fast am Ortsende, dem Schild „Eglise Musée Oberlin" bis zum Museum folgen. Gegenüber ist ein kleiner Parkplatz.

Wichtige Adressen

Das Musée Oberlin in Waldersbach hat in der Winterzeit nur nachmittags geöffnet, im Sommer ganztags. Dienstag ist Ruhetag (Tel. +33 3 88 97 30 27). Alle weiteren Angaben unter oberlin@musee-oberlin.eu.

Nicht vergessen sei hier der Hinweis auf das ehemalige deutsche Konzentrationslager Struthof oberhalb von Natzwiller im Tal davor. Heute ist das ehemalige Lager Haut Lieu de la Mémoire nationale, bedeutender französischer Erinnerungsort, Museum und Europäisches Zentrum des deportierten Widerstandskämpfers. Ein Besuch ist unbedingt empfehlenswert. (www.struthof.fr)

Unser Weg

Das Steintal als elsässisches Sibirien. Wie wahr. Als wir in Nebel und Kälte vom Bruchetal ins Steintal einbiegen, im wohlgewärmten Automobil sitzend, sind wir froh, von der Rheinebene aus nicht zu Fuß unterwegs zu sein – wie der Dichter Lenz vor über 200 Jahren. Auch für uns ist es ein 20. Januar. Wir verlassen unseren Wagen auf dem kleinen Parkplatz vor dem Musée Oberlin, neben dem alten Sandsteinbrunnen, der uns sofort ins Auge springt.

Gleich sind wir mitten in Büchners Text: Neben dem Brunnen das alte Schulhaus, in dem Lenz anfangs logierte, gegenüber das alte Pfarrhaus mit Pastor Oberlin und seiner Familie, heute Teil des Musée Oberlin. ... *er stürzte*

sich in den Brunnstein, aber das Wasser war nicht tief, er patschte darin. So lesen wir bei Büchner. Am Abend zuvor ist Lenz in Waldersbach eingetroffen. Es ist der 20. Jänner 1778.

Unsere ersten Wanderschritte führen durchs Dorf, auf der **Montée Oberlin**, der Dorfstraße, die auf den Wald zuführt. Die weit herabgezogenen Dächer der robusten Bauernhäuser rechts und links der Straße erinnern uns an den Schwarzwald. Menschen sehen wir keine, anders als Lenz bei seiner Ankunft hier im Ort. Aber die neuen Autos und die gut renovierten Häuser zeigen an, dass hier Menschen zu Hause sind. Arbeiten werden sie anderswo, wie wir später erfahren, in Strasbourg meist, immerhin 60 km entfernt. Am **alten Friedhof** vorbei betreten wir den Wald, der Weg steigt, einige Spuren im Schnee geben uns Sicherheit und Richtung. Die Sonne kämpft mit dem Nebel. Unser Weg wird von auffälligen alten Linden und einigen Buchen gesäumt, wir sind in der „Allée des Fiancés", der „Brautallee", wie dieser Abschnitt im Volksmund heißt. Oberlin hat die von ihm getrauten Paare jeweils einen kleinen Lindenbaum pflanzen lassen, nach über 200 Jahren sind daraus stattliche Riesen geworden. Man müsse sich vorstellen, dass zu Zeiten Oberlins hier noch Weiden und Wiesen gewesen seien und mit der Zeit eine richtige Schatten spendende Allee entstanden sei, erklärt uns später die Dame im Musée.

Wir sind am Anfang unserer Winterreise auf den Spuren des unglücklichen Dichters Jakob Michael Reinhold Lenz. Der Anblick der verschneiten Linden lässt uns träumen: *Am Brunnen vor dem Tore / da steht ein Lindenbaum.* Wilhelm Müller schrieb seine 24 Gedichte im Jahr 1823. Die Winterreise eines Unbehausten, der Wärme und Geborgenheit nur noch in seinen unglücklichen Erinnerungen findet, ein Fremder in dieser Welt, ausgestoßen von seiner Liebsten und von der Gesellschaft. Romantische Liebeslyrik. Es ist kalt draußen in der Welt, und drinnen im Herzen sowieso. Und Franz Schubert hat eine Musik dazu gesucht und gefunden, vor fast 200 Jahren, im vorletzten Lebensjahr dieses so jung gestorbenen Komponisten. Lieder, bei denen die menschliche Stimme nur von den

(© OpenStreetMap-Mitwirkende)

spröden Tönen des Klaviers begleitet wird (*für eine Singstimme und Pianoforte*), sie singt allein, ohne andere Instrumente, ohne Hoffnung und Heimat. Der einsame Weg des Wanderers durch die winterliche Natur führt auf *eine Straße, die noch keiner ging zurück*. Reine Verzweiflung. Ein romantischer Zyklus mit viel Realismus, ja Expressionismus: Von *schauerlichen Liedern* hat Schubert selbst gesprochen.

Wir folgen heute einigen Fußspuren im Schnee und verlassen rasch das Wäldchen, kommen auf eine Wiese und erreichen nach wenigen Minuten den Col de la Perheux, die „Bärenhöhe", daneben ein schneebedeckter granitener Findling, dann einige Schilder: Unser Wegweiser weist eine andere Richtung als der Wilhelm Müllers und Franz Schuberts. Wir halten uns rechts, in **Richtung Belmont**, ein **gelbes Wegkreuz** soll uns leiten. Im dichten Nebel und jetzt tieferem Schnee gar nicht so einfach. Sind wir noch richtig? Wir wechseln auf den Weg oberhalb, der leichter zu begehen ist, und uns, schräg nach oben führend, durch den Nebel schließlich ins Sonnenlicht gelangen lässt. *Er ging des Morgens hinaus, die Nacht war Schnee gefallen, im Thal lag heller Sonnenschein, aber weiterhin die Landschaft halb im Nebel*, schreibt Büchner und weiter:

Er kam bald vom Weg ab, und eine sanfte Höhe hinauf, keine Spur von Fußtritten mehr, neben einem Tannenwald hin, die Sonne schnitt Krystalle, der Schnee war leicht und flockig, hie und da Spur von Wild leicht auf dem Schnee, die sich ins Gebirg hinzog. Keine Regung in der Luft als ein leises Wehen, als das Rauschen eines Vogels, der die Flocken leicht vom Schwanze stäubte. Alles so still, und die Bäume weithin mit schwankenden weißen Federn in der tiefblauen Luft. Es wurde ihm heimlich nach und nach, die einförmigen gewaltigen Flächen und Linien, vor denen es ihm manchmal war, als ob sie ihn mit gewaltigen Tönen anredeten, waren verhüllt, ein heimliches Weihnachtsgefühl beschlich ihn, ... (S. 18/19)

Auch Büchners Wildspuren, hier ein Reh, dort ein Hase, erscheinen heute nicht anders als vor über 200 Jahren.

Nach einer halben Wanderstunde erreichen wir die Straße zum **Champ du Feu** und sind bald in **Belmont**, unseren geplanten Wanderweg hundert Höhenmeter unter uns. Ein Tag wie an Weihnachten und Ostern. Unter uns das Nebelmeer im Breusch-Tal, um uns frisch gefallener Schnee, über uns nur blauer Himmel und wärmende Sonne. Wie Lenz auf einem seiner Streifzüge durch das Gebirge. Wir durchqueren Belmont über die abfallende Hauptstraße, an der Mairie vorbei, dann an der kleinen Dorfkirche, geschlossen, und weiter den Wegweisern folgend, mit blauem Kreuz nach **Bellefosse** und mit rotem Kreis direkt steil nach **Waldersbach** hinab: Wenn Lenz tatsächlich *durch's Gebirg*, also quer durch die Vogesen gegangen ist, könnte er durch Belmont gekommen sein, bevor er hier den Weg ins Waldersbacher Pfarrhaus zu Oberlin genommen hat: *Es war, als ginge ihm was nach, und als müsse ihn was Entsetzliches erreichen, etwas das Menschen nicht ertragen können, als jage der Wahnsinn auf Rossen hinter ihm.* So beschreibt Büchner den damaligen Wanderer auf seiner Flucht ins Steintal. Erste Anzeichen seiner Krankheit.

Wir folgen unsererseits dem Weg links ab mit blauem Kreuz nach Bellefosse, das wir eine halbe Stunde später erreichen. Ein schmaler Weg durch verschneiten Wald, an zwei verlassenen Häusern vorbei, über einen plätschernden Bach und die Fahrstraße zum Col de la Charbonnière und weiter zum Ortsanfang mit Feuerwehrhaus. Die Ferme-Auberge Ban-de-la-Roche in Bellefosse wird gerade renoviert. Ob sie sonst geöffnet hätte? In der Dorfmitte folgen wir der Straße rechts abwärts, wieder an einer Mairie vorbei, dann an der Kirche, offen diesmal, mit einem eisernen Ofen und einem unendlich langen Ofenrohr und mit gestapeltem Holz hinter einer der schmalen Bankreihen. Daneben erinnert eine rosa Granittafel an Louise Scheppler, eine der langjährigen Mitarbeiterinnen des umtriebigen Pastors Oberlin: Sie wird als „Conductrice de la tendre enfance" gepriesen, als Leiterin für das zarte Kindesalter, verantwortlich für die ersten Grundschulen im Tal, lange bevor eine allgemeine Schulpflicht in Frankreich eingeführt wurde. Ein Hund hat sich inzwischen als Wegbegleiter zu uns gesellt, „le chien du maire", wie uns eine kundige Nachbarin informiert. Er wird bis Waldersbach bei uns bleiben, uns mit seinen Späßchen unterhalten – er scheint den Schnee zu genießen –, bevor er sich wieder auf den Heimweg zum Bürgermeister macht. Über eine enge Straße und einen kurzen Verbindungsweg erreichen wir in einer Viertelstunde das schon gegenüber sichtbare Waldersbach und das Musée Oberlin, den Ausgangspunkt unserer vierstündigen Winterwanderung.

Bleibt natürlich das Oberlin-Museum, das im Winter ab 14 Uhr geöffnet ist. Wir lassen uns zunächst den Schlüssel für die daneben gelegene Kirche von

Waldersbach geben. Büchner beschreibt ihre Lage etwas anders, wie uns auffällt, nach ihm müsste sie eher oben am Friedhof liegen. Doch Mme Charlotte, die Dame vom Museum, widerspricht: Sie sei immer hier mitten im Dorf gewesen. Ob Büchner eigentlich Waldersbach kannte? Jetzt, in der Winterzeit, bleibt die Kirche geschlossen, die wenigen Gottesdienste finden in einem anderen Raum statt, einige Häuser weiter. Neben dem Eingang erinnert eine Steintafel an die früh verstorbene Madeleine Salomé Oberlin, die *treue und ergebene Gattin*, die bei der Geburt des neunten Kindes der Pastorenfamilie verstarb. Übrigens: das Grab Oberlins finden wir auf dem Friedhof von Fouday, dahinter das von Louise Scheppler, die, gut 20 Jahre jünger als der Witwer Oberlin, ihr Leben lang nicht von seiner Seite wich. Das Innere der Kirchen im Steintal ist überall gleich: Schmuckloser Altar in der Mitte des quadratischen Raumes, vier Bankreihen darauf ausgerichtet, Kanzel knapp über den Häuptern der Gläubigen, niedrige Empore, eiserner Ofen als Heizkörper. Hier in Waldersbach sogar eine kleine Orgel und an der rechten Wandseite ein Gedenkstein mit dem Relief von Pastor Oberlin. Der bescheidene Altar, mit weißer Decke, einem frischen Blumenstrauß, einem Adventskranz und einem schlichten Bronzekreuz, einem flachen Holzpult mit der aufgeschlagenen Bibel, ein Abschnitt aus dem Buch der Psalmen: "beim Herrn finde ich Zuflucht. Wie könnt ihr mir sagen: ,In die Berge flieh wie ein Vogel'?" lesen wir in Psalm 11. Welch ein Zufall. Oben auf der kleinen Kanzel hat an einem Sonntag im Januar 1778 der Kandidat der Theologie Jakob Michael Reinhold Lenz gestanden und für die bescheidene Kirchengemeinde gepredigt. Draußen hatte es getaut, einige Sonnenstrahlen landeten manchmal auf den Dächern des Dorfes, und Lenz hatte sich gewissenhaft vorbereitet: *... und Herr L... hielt auf der Kanzel eine schöne Predigt, nur mit etwas zu vieler Erschrockenheit*, schildert Oberlin diese Szene in seinem Bericht über den Dichter Lenz im Steintal. Wir schließen die Tür wieder hinter uns und gehen hinüber zum Musée.

Mme Charlotte, die hilfsbereite Dame an der Kasse, bereitet uns einen heißen Kaffee und gibt uns eine kurze Einführung in das Leben Oberlins. Sie landet über kurz oder lang bei ihrer eigenen Familiengeschichte, bei ihrem Urgroßvater aus Darmstadt und ihrer Tante aus Heiligenstadt, die einem deutschen Soldaten nach Nürnberg folgte, vor 1914, dem *großen vaterländischen Krieg – la Grande Guerre*, wie er in Frankreich heute noch heißt. *J'adore l'All-*

emagne fügt sie mehrmals ein: sie liebt Deutschland. Dann überlässt sie uns den Schaukästen, Tafeln und Sammlungen des Universalgelehrten Oberlin, und wir kommen aus dem Staunen nicht mehr heraus. Dieser Pfarrer Oberlin war ein vielseitiges Phänomen. Und dieses Museum ist ein kleines Schmuckstück. *Moi? Qui?* schrieb Oberlin auf eine Silhouette von ihm aus dem Jahr 1805. Ich? Wer? Ja, wer war dieser deutsch wie französisch schreibende Jean Frédéric Oberlin? Aufklärer und Pietist zugleich, Philosoph, Pädagoge, Pastor, Lehrer, Sozialreformer, Techniker, Botaniker, Wissenschaftler ... vieles in Einem, ein Universalgenie. Fast 60 Jahre hat er für die Menschen im Steintal gearbeitet, und das schlichte Eisenkreuz auf seinem Grab in Fouday ziert die Worte: *Papa Oberlin*. Einer dieser Menschen, die in all den Jahren den Weg zu ihm suchten, war ein gewisser Jakob Michael Reinhold Lenz. Aber ihm konnte er nicht helfen.

Gabriel Chevallier – La Peur / Angst

Ein vergessenes Schlachtfeld in den Südvogesen:
Rund um den Tête des Faux

Ein vergessenes Schlachtfeld in den Südvogesen: Rund um den Tête des Faux

Der Mensch hat der Natur immer wieder Wunden geschlagen, heute in der Landschaft stärker sichtbar als in früherer Zeit. Kriege zählen zu allen Zeiten zu den Ereignissen, die teilweise deutlich sichtbare Spuren hinterlassen haben. Und irgendwann hat die Natur diese Wunden zugedeckt. Wenn man genauer hinsieht und weiß, wo man hinsehen muss, erkennt man auch heute Spuren dieser menschlichen Tragödien. Wenn man weiß.

Der Tête des Faux in Sichtweite des Lac blanc in den Hochvogesen zählt zu den heute eher vergessenen Schlachtfeldern des Ersten Weltkriegs. Unsere Wanderung führt rund um den Buchenkopf, wie er von den Elsässern genannt wird. Eine eindrucksvolle Begegnung mit unserer gemeinsamen jüngeren Geschichte. Der Roman *La Peur* von Gabriel Chevallier erlaubt uns die menschliche Begegnung mit einer der Tragödien unserer gemeinsamen deutsch-französischen Geschichte. Auf berührende Art und Weise, nüchtern sachlich erzählt, spannend zu lesen, gewährt der Autor einen Einblick in Gefühle und Gedanken eines jungen Soldaten an der Vogesenfront. Ein Buch, das man erst zur Seite legt, wenn man bis zum bitteren Ende gelesen hat.

Gabriel Chevallier

Gabriel Chevallier ist in Frankreich vor allem als Autor des satirischen Romans *Clochemerle* bekannt, der ein enormer Verkaufsschlager war, in über dreißig Sprachen übersetzt und mehrfach verfilmt wurde. Er ist am 3. Mai 1895 in Lyon geboren. Seine Erfahrungen als junger Soldat im Ersten Weltkrieg gibt er im 1930 erschienenen Roman *La Peur* wieder, der inzwischen auch in deutscher Sprache zu lesen ist. Bis zu seinem Tod in Cannes am 5. April 1969 arbeitete er als Handelsreisender, als Schriftsteller, Zeichner und Journalist.

Gabriel Chevallier, La Peur: Der Roman

Ein großer Roman über den Krieg und was er mit dem Menschen macht. Ein schonungsloser Roman über *la Grande Guerre*, wie er in Frankreich, fast liebevoll, noch heute genannt wird. Ein lesenswerter Roman, der mit brutaler Offenheit das ausspricht, was gern mit Begriffen wie Heldenmut, Opferbereitschaft, Vaterland so schön wie falsch zugedeckt wird: diese nackte Angst der meist blutjungen Männer in ihren Schützengräben, oft nur wenige Meter entfernt von denselben wehrlosen jungen Männern mit genau derselben Angst.

Gabriel Chevalliers Roman *Angst* aus dem Jahr 1930 ist eine desillusionierende Darstellung des Ersten Weltkriegs aus der Sicht eines einfachen Frontsoldaten. Es ist ein Bericht des Autors Gabriel Chevallier, der in der Gestalt des Ich-Erzählers Jean Dartemont von seinem Leben in den Gräben und Erdlöchern zwischen Vogesen und Champagne erzählt.

Gerade neunzehn Jahre alt, erlebt dieser Jean Dartemont den Kriegsbeginn im Sommer 1914 mit der gleichen freudigen Erregung und Unkenntnis wie seine Altersgenossen in Paris und in Berlin. Einige Monate später steht er zum ersten Mal in unmittelbarer Nähe der Front auf der Ebene von Artois im Jura: Er erlebt diese Kampfzone zwischen Deutschen und Franzosen als eine Art entfesseltes Höllenfeuer. Den ersten toten Soldaten sieht er nicht, denn es ist Nacht, er riecht ihn vielmehr, nachdem er versehentlich beim Schaufeln von Gräben mit seiner Hacke die Gedärme des Toten aufreißt. Wie seine Kameraden rechts und links wundert er sich, dass er am nächsten Morgen nur tote französische Soldaten auf dem Schlachtfeld liegen sieht, kaum deutsche. *Was machen wir eigentlich hier?* (S. 98) fragen sich die Soldaten.

Seit längerem hatten die Soldaten jegliche Überzeugung verloren. Jetzt verloren sie ihr Vertrauen … sie murmelten: ‚Man lässt uns hier abschlachten wie Tiere.‘ Als Zeuge dieses Durcheinanders dachte ich: wie Tiere, sagt zu wenig. Die Revolution ließ ihre unfähigen Generäle auf dem Schafott sterben. Dies war eine ausgezeichnete Maßnahme.

Und er vergleicht mit seinen Vorgesetzten in diesem Krieg:

Keine Diktatur ist mit ihrer vergleichbar. Sie verweigern jede Kontrolle, der Nation, den Familien, die in ihrer Verblendung sich ihnen anvertraut haben. Und wir, die wir erkennen, dass ihre sogenannte Größe nur Betrug ist, ihre Macht nur Gefahr, wenn wir die Wahrheit sagten, man würde uns standrechtlich erschießen. Das waren unsere Gedanken am Vorabend des Angriffs. Zusammengekrümmt unter dem Regen des Himmels und der Granaten feixten die todbleichen Soldaten: ‚Die Moral ist gut! Die Truppen sind voller Erwartung!‘ (S. 103/104)

Bei diesem ersten Einsatz im September 1915 wird Dartemont von den Splittern einer Granate getroffen und in ein Lazarett weit hinter der Front gebracht. Auf die Frage der neugierigen Krankenschwestern, was er denn im Krieg gemacht habe, antwortet eines Tages Dartemont:

Ich bin Tag und Nacht marschiert, ohne zu wissen wohin. Ich habe exerziert, ich bin stramm gestanden, habe Gräben geschaufelt, habe Stacheldrähte getragen und Sandsäcke, ich habe Wache gestanden. Ich habe Hunger gehabt, ohne etwas zu es-

*sen zu bekommen, Durst ohne etwas zu trinken, ich war todmüde, ohne schlafen zu
können, war schier erfroren ohne Hoffnung auf Wärme, und ich hatte Läuse ohne
mich immer kratzen zu können ... das habe ich gemacht! – Und das war alles? – Ja,
das war alles ... oder nein, doch nicht alles. Ich will Ihnen sagen, was den Soldaten
im Krieg am meisten beschäftigt, im Grunde das einzige ist, was wirklich zählt: ICH
HABE ANGST GEHABT.*

Und nachdem die Schwestern etwas ungehalten reagieren, weil sie sich die Gefühle der Frontkämpfer etwas anders vorstellt haben, fährt der Erzähler fort: *Sei-
en Sie beruhigt, im Krieg flieht man nicht. Man kann nicht. – Aber wenn man könnte ...
Alle würden abhauen! ... Alle ohne Ausnahme: Franzosen, Deutsche, Österreicher, Bel-
gier, Japaner, Türken, Afrikaner ... Alle ...* (S. 153–155). Man muss in der Kriegsliteratur
lange suchen, um solch klare Worte zu finden. Und man kann auch heute gut verstehen, dass Chevalliers Roman im Jahr 1939 nicht mehr verkauft werden durfte
in Frankreich, übrigens mit Einverständnis des Autors.

Nachdem die Wunden wieder vernarbt sind, darf der junge Soldat auf eine
Woche Genesungsurlaub nach Hause. Zu Hause stößt er auf das gleiche Unverständnis wie im Lazarett: Das großbürgerliche Elternhaus versteht nicht, warum er immer noch einfacher Soldat ist, warum er keine Kriegsauszeichnung am
Revers trägt. So sind beide froh, Vater und Sohn, als der Zug in Richtung Front
den Bahnhof verlässt. Dartemont verlässt diesen Zug in den Vogesen, wo im
Sommer 1916 die erbitterten Grabenkämpfe um jeden Hügel und jeden Gipfel
inzwischen Vergangenheit sind. Ruhig, fast friedlich ist es an der Vogesenfront
zwischen Deutschen und Franzosen geworden. Nur die zerstörten Wälder, die
eingestürzten Erdlöcher, der zerrissene Stacheldraht ... erinnern an das mo-
natelange Schlachten von Menschen auf beiden Seiten der Front. Dartemont
wird zum Meldegänger ernannt und damit aus der ersten Kampflinie abgezo-
gen. Bei seinen Gängen ist er dennoch in unmittelbarer Nähe des Feindes: Oft
trennen ihn nicht einmal 10 m von den Gräben der Deutschen. Aber beide Seiten sind stillschweigend übereingekommen, sich gegenseitig nicht wehzutun.
Auch wenn ein eifriger Vorgesetzter von weiter hinten seine Kontrollrunden
dreht, wird die andere Seite durch entsprechende Signale vorgewarnt.

*Sicherlich würde ich mein Möglichstes tun, um den Deutschen zu töten, wenn er
mich angreifen würde. Damit er mich nicht als Erster tötet ... Wenn ich aber einen
wehrlosen Deutschen vor meinem Gewehr hätte, vielleicht in 150 Meter Entfernung, der nicht ahnt, dass ich ihn sehe, so würde ich wahrscheinlich nicht schießen.
Es scheint mir unmöglich, so zu töten ... Zum Glück geht es so selten darum den
anderen zu töten, dass wir uns nicht einmal die Mühe machen, den Schein unserer
Zigarette zu verstecken.* (S. 263)

Die eisige Kälte des Winters und die eiskalten Befehle mancher Vorgesetzter machen den Soldaten auf den Höhen der Vogesen am meisten zu schaffen. Bald danach wird die Truppe in die aktive Kampfzone der Champagne verlegt, in das Gebiet des Chemin des Dames. Auf diesem markanten und lang umkämpften Höhenzug zwischen den Städten Laon, Soissons und Reims muss Dartemont feststellen, wie er mitten im Schlachtgetümmel sich als Mensch immer mehr verändert:

Ich habe so sehr Angst, dass mir das Leben nichts mehr wert ist. Im Übrigen verachte ich mich. Die ganze Zeit zählte ich auf meine eigene Wertschätzung, um mich am Leben zu halten, jetzt habe ich sie verloren. ... Ich esse nicht mehr, mein Magen ist zusammengekrampft und alles stößt mich ab. Ich trinke nur noch Kaffee und rauche. In dieser ewigen Nacht weiß ich nicht mehr, wie die Tage vergehen. ... Männer kommen vorbei, stoßen mich an, die ich besser nicht sehen möchte, und Verwundete schreien in ihrer Ecke, wo man sie vorübergehend niedergelegt hat. Ich versenke mich in sinnlose Aufgaben. Aber ich höre nur die Artilleriegeschosse, und mein inneres Zittern ist die Antwort auf das große Erbeben am Chemin des Dames. (S. 293)

Dartemont schildert, wie er sich im Februar 1918 freiwillig meldet für einen hochgefährlichen Erkundungsgang an der Frontlinie: Er ist bereit zu sterben. Wie in einem Wachtraum beobachtet er sich in der dritten Person, diesen *schmalen blonden jungen Mann, der 22 Jahre zählt, aber wie 16 aussieht, dieser Soldat mit dem Schülergesicht, dieser Stirn, die noch keine Falte zeigt, mit diesem spöttischen Lächeln, so sagen die anderen, mit diesen Augen, die auf den Grund der Menschen schauen ... Jean Dartemont wird schließlich sterben, an diesem Abend im März 1918 ...* (S. 340) Nein, er wird nicht sterben, er überlebt auch diese Hölle, und während die deutsche Offensive auf Paris anhält, wird ihm sogar im Juli 1918 einige Tage Heimaturlaub gewährt. Inzwischen kämpfen schwarze amerikanische Soldaten Seite an Seite mit den Franzosen, und selbst als die deutschen Soldaten sich zurückziehen müssen, möchten die meisten Franzosen nur noch überleben, den rettenden Frieden er-

reichen. Trotzdem: Nach 11 Tagen Offensive mit einem Geländegewinn von wenigen Kilometern ist die Hälfte des französischen Regiments tot. Im Oktober 1918. Die letzten Kriegstage erlebt Jean Dartemont wieder in den Vogesen, in einem südlicheren Abschnitt hoch über dem Thal der Thur bei St. Amarin, nahe dem Grand Ballon und dem Hartmannsweilerkopf.

Bei einem Gespräch in diesen letzten Tagen des Krieges empfiehlt ihm sein Vorgesetzter Nègre, den er im Lazarett kennengelernt hatte, der Wahrheit des Krieges und des Lebens ins Auge zu sehen und nüchtern Bilanz zu ziehen:

Wem willst du denn deine Wahrheit erzählen? Den Leuten, die vom Krieg profitiert haben und bis hier oben reich geworden sind? Was sollen die denn mit deiner Wahrheit anfangen? Du bist Opfer, du bist Opfer, du interessierst niemanden ... Ich will dir die Bilanz des Krieges sagen: Fünfzig große Männer in den Geschichtsbüchern, Millionen Tote, von denen niemand mehr sprechen wird,, und tausend Millionäre, die sagen werden, wo's langgeht. ... Kannst du tatsächlich an irgend etwas glauben nach dem, was du alles gesehen hast? Die menschliche Dummheit ist unheilbar. ... Deshalb: Machen wir bei dem Spiel auch mit, akzeptieren wir die alten Lügen, die die Menschen nähren. Lach doch, lach doch endlich! (S. 399–402)

Am 11. November 1918 um 11 Uhr genau schweigen die Waffen endgültig. Das heißt für etwas länger als 20 Jahre. Die überlebenden französischen Soldaten steigen ins Tal nach St. Amarin, um den Waffenstillstand zu feiern.

Wanderung rund um den Tête des Faux – ein vergessenes Schlachtfeld

Charakter/Länge/Gehzeit
Mit An- und Abreise eine Ganztagswanderung mit 14 km Länge und ca. 350 m bergauf und bergab. Im ersten Teil sanft bergab, bevor der Weg sacht ansteigt. Nach der Mittagspause knapp einstündiger steiler Anstieg zum Gipfel des Tête des Faux. Ca. 4 ½ Stunden reine Gehzeit.

Markierung
Zunächst gelbe Markierung mit liegendem Kreuz; ab dem Etang du Devin sind wir auf dem GR 5 unterwegs, dem großen Vogesenweg von Nord nach Süd mit roter Rechteck-Markierung.

Einkehrmöglichkeiten
Einfache Mittagsverpflegung möglich nach Voranmeldung im Hotel Gîte L'Etang du Devin, das zu Lapoutroie gehört (Tel. +33 3 89 47 20 29). An Aus-

gangs- und Endpunkt der Wanderung, am Col du Calvaire L'Auberge des Crêtes
(Tel. +33 3 89 71 31 31) und L'Auberge du Vallon (Tel. +33 3 89 71 35 45).

Anfahrt

Auf der elsässischen A 35 entweder bis zur Ausfahrt/Sortie 17 bei Sélestat/
Val de Villé und über die N 59 bis Les Sainte-Marie-aux-Mines und weiter auf
der D 48 zum Col du Bonhomme und zum Col du Calvaire. Wenn man auf der
Autobahn bis zur Ausfahrt Colmar (Sortie 23) weiterfährt, kommt man über
Kaysersberg auf der N 415 ebenfalls zum Col du Bonhomme und an den Aus-
gangspunkt der Wanderung. An der D 48 zwischen Sainte-Marie und dem Col
du Bonhomme in der Hostellerie les Bagenelles Übernachtungsmöglichkeit.
(Tel. +33 3 89 58 70 77)

Wandersaison

Spätes Frühjahr bis Herbst.

Unser Weg

Die Menschen sind dumm und unbedarft. Daher rührt ihr Elend. Anstatt selbst zu
überlegen, glauben sie, was man ihnen erzählt, was man sie lehrt. Sie wählen sich
Herren und Meister, ohne diese einschätzen zu können, mit einer unheilvollen Vorlie-
be für Sklaverei. Die Menschen sind Schafe. Was Armeen und Kriege möglich macht.
Sie sterben als Opfer ihrer törichten Folgsamkeit. (S. 20)

Hundert Jahre sind vergangen, seitdem hier oben, zwischen Lac Blanc
und Le Bonhomme, deutsche und
französische Soldaten um jeden
Meter Granit gerungen haben. Mit
tödlichem Ausgang für viele.

Als wir heute Morgen am **Col du
Calvaire** aufbrechen, liegt vor uns
ein Bild des Friedens: Der Weg führt
uns in den beiden ersten Stunden
an der Ostflanke zweier runder im
obersten Teil bewaldeter Buckel
entlang: mit dem Tête des Immerlins und dem Tête des Faux. Aus
Asphalt wird bald Erde, und später

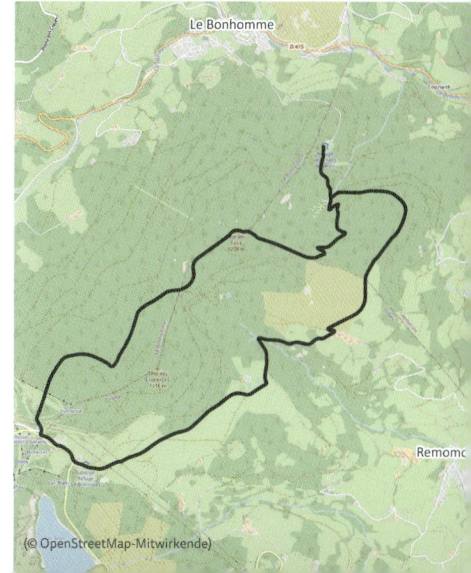

wird der Wanderweg immer schmaler: Wir folgen dabei einer gelben Markierung mit einem liegenden Kreuz. Wie auf einem Aussichtsbalkon wandern wir über Orbey entlang. Ganz sachte geht es zunächst abwärts. An der **Ferme des Immerlins** vorbei, unterhalb des **Gazon L'Hôte** entlang, wo nur wenige Bäume einen Blick auf das Gut behindern. Gelb, weiß, grün: bunte Bergwiesen begleiten uns durchweg. Wir durchqueren kleinere Wäldchen, ein Bach gluckert freudig springend neben uns. Eine niedrige Steinmauer folgt der einfachen Umzäunung. Nach einer guten Stunde erreichen wir **Le Surcenord** mit seinen intakten Bauernhöfen. Die Fenster sind offen. Autos signalisieren menschliche Nähe. Aber kein menschliches Wesen erscheint. Wir überlegen, ob unser Wanderweg eher oben oder vielleicht unten weitergeht. Ein vorüberfahrendes Postauto wird uns wohl auch nicht weiterhelfen. Wir entscheiden uns für den oberen Weg. Es geht an einer Pferdekoppel vorbei. Gegenüber zwei Esel, die sich über unsere Anwesenheit zu freuen scheinen. Der nun aufwärts ziehende Weg nähert sich dem Waldrand unterhalb des Roche du Corbeau. Und während bisher kein Stein auf die menschliche Katastrophe des Ersten Weltkriegs hindeutete, erscheinen nun die ersten von uns zu deutenden Spuren unserer hundertjährigen Vergangenheit. Wer weiß, sieht. Durch Erdreich geschützte offene Wellblech-Unterstände entlang des Weges. Immer wieder. Ein rund angeordneter Haufen Steine, auf einer Wellblechunterlage, grün bemoost, ein Schutzraum für postierte Soldaten. Dann taucht plötzlich unterhalb des Weges ein größeres Bauwerk auf: Seitenmauern sind erhalten geblieben, mit größeren Öffnungen: Wo eine Decke vorhanden ist, wächst heute Gras. *Ehemalige deutsche Drahtseilbahnstation (König-Ludwig-Station). Sie versicherte die Verbindung zwischen dem Dorf Lapoutroie und die Tête des Faux (Buchenkopf)* lesen wir auf einem blauen Metallschild. Auf dem Foto posieren Soldaten im Sonnenschein vor dem neuen Bauwerk. Es war wohl die Mittelstation dieser für die Versorgung der deutschen Front am Berggipfel oben eingerichteten Seilbahn, die ihren Anfang bei der Kirche des Dorfs Lapoutroie nahm, auf 425 m Meereshöhe. Und bis auf eine Höhe von über 1100 m geführt wurde, auf den Rabenfelsen, den Roche du Corbeau. Später werden wir erfahren, dass die französische Front ihrerseits am Tête des Faux von einem befestigten Maultierpfad unterstützt wurde. Einige Meter weiter, zur Linken, ein längliches Natursteingebäude: Ein **Bâtiment sanitaire – Convalescence** lesen wir auf dem Holzschild über dem offenen Eingang. Ein bayrisches Regiment hat im Jahr 1916 hier seine Spuren hinterlassen. Bald erscheint linkerhand, aufwärts im Wald angelegt, ein ehemaliger deutscher Soldatenfriedhof: **Rabenbühl** unter dem Roche du Corbeau. Eine Kapelle und einige wenige Grabsteine sind übriggeblieben. Die sterblichen Überreste der hier Bestatteten ruhen heute auf einem Friedhof bei Hohrod im Münstertal, fast in Blickweite. „1882–1916", lesen wir die Lebensdaten eines hier Gefallenen. Eine steinerne Vase mit Blumen ziert den Grabstein seiner letzten Ruhestätte. Das eiserne Kreuz der Wehrmacht auf einem anderen Grabstein. Noch eine Wegbiegung, und wir stehen vor dem **Etang du Devin**. Oder was von dem einstigen See geblieben ist: ein kleiner grüner Rest. Der See ist seit der letzten Eiszeit immer mehr zugewachsen. Eine anschauliche Tafel, von den Schülern im nahen Lapoutroie entwickelt, erklärt uns, was sich hinter diesem Karsee verbirgt: ein Torfmoor. Auch dass die deutsche Armee einen Damm baute, um das Wasser an die Front hochpumpen zu können zur Versorgung der deutschen Soldaten, erfahren wir hier. Selbst den Beginn der Rohrleitung hoch zum Gipfel des Tête des Faux können wir daneben noch sehen. Hundert Jahre sind vergangen. Einige Meter weiter die Pumpstation, in der damals ein Generator arbeitete. Auf unserem weiteren Weg andere Bauwerksreste, von der Natur schon fast zurückerobert. Und wieder ein Soldatenfriedhof. Mit einem gemauerten Eingangstor. Auf einem Metallschild ein altes Foto: Hunderte Soldaten lauschen der Ansprache eines Priesters. Beerdigung eines Kameraden. „Hier ruhen unsere braven Kameraden", lesen wir auf einem Grabstein an der Friedhofsmauer. Ein Kreuz, einige Mauerreste, eine Steinbank, wenige Grabsteine. **Le cimetière allemand Kahm**,

lesen wir in unserem Führer. Schließlich erreichen wir den gesuchten **Gîte de l'Etang du Devin**. Fenster weit geöffnet. Zur Rechten ein großes Schild: Restaurant. Hébergement. Hotel. Résidences. Ein Schild auf dem Parkplatz zeigt unmissverständlich an, dass hier nicht geparkt werden darf. Wir klopfen, wir läuten, wir treten ein durch die unverschlossene Tür. Niemand erscheint, niemand zu sehen. Wir machen vor der Tür eine Mittagspause aus dem Rucksack und gehen zurück zum See. Links vom See beginnt dann der steile Weg in **Richtung Gipfel**. Heller Mischwald schützt uns vor der Mittagssonne. Fast 300 Höhenmeter liegen vor uns. In engen Wegkehren kommen wir der ehemaligen Frontlinie immer näher. Schließlich ein erstes großes Bauwerk: die Bergstation unserer Versorgungsseilbahn. Immer noch ein eindrucksvolles Gebäude. Auch hier ein Foto aus den Kriegsjahren: Einige Männer blicken in die Kamera. Ein Weinfass und einige Säcke auf dem Boden. *Von dieser Stelle aus ging der Rollbahntunnel bis zum Buchenkopfgipfel.* Ganz erstaunlich, was die deutsche Reichswehr einige Meter von der umkämpften Front entfernt in die Versorgung dieser Linie investierte. Wir können die Trasse dieser Rollbahn bis zum deutschen Gipfel-Bauwerk verfolgen. Holzpflöcke begrenzen ihre Spur. Bald erscheint der **Rabenfelsen**, la Roche du Corbeau, eine imposante Felsansammlung. Hier befand sich eine Beobachtungsstation aus Holz.

Wir sind jetzt auf den letzten Metern unterhalb des Gipfelaufbaus. Steil führt der Weg nach oben. Und wir erreichen den Gipfel nach wenigen Minuten. Die deutsche Seite des Gipfels. Auch hier bestätigt sich der Eindruck, den wir schon seit einiger Zeit haben: die von den Deutschen hinterlassenen Bauwerke haben die 100 Jahre relativ intakt überdauert. Ein bunkerähnliches doppelstöckiges Gebäude aus Beton erlaubt auch heute noch einen guten Zugang: Schießscharten in alle Richtungen, die Räume durch Panzertüren absperrbar. Vor dem Bunker Stacheldraht und Metallstücke. Gras ist darüber gewachsen. Hier und dort ein einzelner Baum. Schon sehen wir ein großes weißes Kreuz vor uns. Der eigentliche Gipfel des Tête des Faux, der von den französischen Soldaten gehalten wurde. Fast den ganzen Krieg hindurch. Dazwischen ein Stück Erde, felsdurchsetzt, kaum 20 m breit. Auf französischer Seite eher Erdgräben und kaum geschützte Stellungen, Erdlöcher. *Allgemeiner gesagt: unsere Stellungen sind immer einfacher als die der Deutschen ... Unsere Truppen haben immer gedacht, die Schützengräben seien etwas Provisorisches und dass es unnötig sei, größere Arbeiten durchzuführen.* (S. 232) Soweit der Kriegsteilnehmer Gabriel Chevallier in seinem Roman. Überall Stacheldraht und Metallgestelle als Sperren und Hindernisse. Gekämpft wurde vor allem 1914, zwischen August und Dezember, und bis in den Februar 1915 hinein. Noch am Heiligabend startete das deutsche Militär einen Gipfelangriff. Ohne Erfolg. Allein auf französischer Seite über 700 Tote. Wie es den Soldaten auf beiden Seiten ergangen ist, schildert Gabriel Chevallier in seinem Roman. Eine Erinnerungstafel auf einem großen Granitstein nennt den einen oder anderen Namen und gedenkt der französischen Opfer zwischen 1914 und 1918. Wir verlassen den Gipfel des Tête des Faux und steigen abwärts, bis wir über diesen ehemaligen steinernen Maultierpfad den Soldatenfriedhof Duchesne erreichen. Das 14. Jägerbataillon erinnert mit dem Datum *Juni 1915* an die *für das Vaterland gefallenen* Kameraden. Im Roman Chevalliers kommt am nächsten Morgen eine der Krankenschwestern nochmals auf das Gespräch des Vortages zurück und erinnert den verwundeten Dartemont an die Pflicht gegenüber dem Vaterland, la Patrie. Der junge Soldat entgegnet: *Ich versichere Ihnen, dass keiner der Männer, die ich um mich herum habe fallen sehen, gestorben ist mit dem Gedanken an das Vaterland, mit der ‚Befriedigung, seine Pflicht erfüllt zu haben'.* (S. 158) Vor einem Gräberfeld mit namenlosen 116 französischen Soldaten lagert eine Gruppe älterer französischer Männer mit ihren Rucksäcken im Gras. Sie sind die Generation der nach der zweiten Weltkriegskatastrophe Geborenen. Welch ein Glück für sie. Wir umgehen jetzt den Tête des Immerlins auf der Nordwestseite auf dem GR 5, der sich friedlich durch den lichten Mischwald schlängelt. Kurz vor dem Col du Calvaire öffnet sich die Landschaft wieder und erlaubt einen Blick nach Norden. Ein Gleitschirmflieger sitzt ruhig im Gras. Wir überqueren die Trasse eines Skilifts und lassen die Tinfronce-Hütte rechts liegen. Einige Minuten später stehen wir am Pass mit seinem Parkplatz, unserem Ausgangspunkt von heute Morgen. Wer versteht wirklich das Glück eines friedlichen Wandertages inmitten dieser geschichtsträchtigen Landschaft?

Jean Egen – Die Linden von Lautenbach

Vom Blumental zum Petit Ballon

Jean Egen – Die Linden von Lautenbach

Vom Blumental zum Petit Ballon

Eine Geschichte für den *Geschenkkorb der (deutsch-französischen) Freundschaft*, wie Jean Egen in seinem Vorwort zur deutschen Ausgabe schreibt. Eine der schönsten Geschichten, diese *Jugenderinnerungen eines Elsässers* (S. 269) aus dem Jahr 1979, möchte man hinzufügen. Durchaus mit Tiefgang, dabei mit reichlich augenzwinkerndem Humor, einer gehörigen Portion Selbstironie und viel Verständnis für die menschlichen Schwächen werden die Elsässer und ihre Nachbarn im Westen und Osten geschildert. Erzählt wird die Geschichte einer elsässischen Familie in der ersten Hälfte des 20. Jahrhunderts. Und wenn man dann an einem klaren und warmen Sommermorgen das Tal der Blumen und Lautenbach mit seinen Linden und dem Brunnen am Kirchplatz betritt, hat man sich Hals über Kopf in dieses Stück *Paradies* verliebt: Es gebe nichts Schöneres auf der Welt, wie Papa Egen zu sagen pflegt, *und er muss es ja wissen, er war einmal in Tonking.* (S. 28)

Jean Egen

Gedenktafel in Erinnerung an Jean Egen.

Jean Egen ist am 23. August 1920 in Lautenbach im südlichen Elsass geboren, als Jean Egensperger, dem man in Paris nach dem Zweiten Weltkrieg geraten hat, seinen zu deutsch klingenden Namen künstlerisch etwas zu verändern. Er arbeitete für die auch international bedeutende Tageszeitung *Le Monde* sowie für die satirische Wochenzeitung *Le Canard enchaîné*. Sein größter Bucherfolg war zweifellos *Les Tilleuls de Lautenbach* oder *Die Linden von Lautenbach*, ein stark autobiographisch geprägter Roman, der in Deutschland weit mehr Leser fand als in Frankreich und der hier auch mit dem Schauspieler Mario Adorf verfilmt wurde. Jean Egen starb am 21. Dezember 1995 in Paris.

Die Geschichte

Keine Angst vor den beiden ersten Kapiteln: Auch wenn der *Tod im Elsass* dem *Tod in Paris* begegnet. Jean Egens Mutter stirbt 1975 allein und anonym in einem Pariser Krankenhaus. Sie wird in einer Ecke des Friedhofs Pantin-Bobigny begraben. Seine Großmutter im Elsass starb 1931 in ihrem Bett in Lautenbach, umgeben von der Familie, herbeigeeilt sogar bis aus Lothringen. Und das ganze Dorf nimmt Anteil. Und Schangala, wie unser Autor liebevoll von allen genannt wird, darf zunächst einmal ein gutes Frühstück zu sich nehmen, bevor es in die

Kirche zum Rosenkranzbeten für die sterbende Großmutter geht. Es ist ein Sommersonntag im Blumental, und der Autor zieht alle erzählerischen Register, um uns dieses elsässische Dorf, seine Bewohner und ihre Sprache nahezubringen. Zwischen Totenbett und Beerdigung wird gegessen und getrunken, gebetet und geträumt, geschimpft und gelacht, erzählt und gestritten. Sicher ist eines: Man wohnt in Lautenbach unter dem schönsten Himmel auf Erden, man spricht hier die wunderbarste Sprache, das Elsässische, man isst die herrlichsten Speisen, man erzählt die deftigsten Witze. Kurz gesagt: Man lebt im Paradies. Schauplätze sind das Gasthaus der Großmutter Herrgott, das *Café-Restaurant du Centre*, die Dorfkirche gegenüber und der Friedhof am Rand des Dorfes. Alle wichtigen Personen der Familiengeschichte sind versammelt: Schangalas Vater Joseph, französischer Patriot und welterfahrener *Großwildjäger*, der lebenslustige Onkel Fuchs, dem weiblichen Geschlecht ebenso verfallen wie den hochgeistigen Erzeugnissen der Natur, Onkel Nicolas hinter der Theke, die eher zurückhaltend gezeichneten Frauenfiguren wie die Mutter Bawala oder die alte Elisa bis zu den Meyer-Mädchen mit ihren Höschen, die die Phantasie des jungen Erzählers immer wieder anregen. Gebetet wird in der *Schweinesprache* Deutsch, gelebt wird auf Elsässisch, und, na ja, Französisch versteht man natürlich auch.

Erzählt wird von zwei Generationen. Zunächst von dem Vater Joseph, dem Seppala, der im französischen Reims 10 Jahre die Internatsschule besuchen muss, danach im Ersten Weltkrieg bis in Indochina im Einsatz ist, das deutsche Gefängnis in Cottbus für zwei Jahre kennenlernt, bevor er Fabrikdirektor in der Nähe von Belfort wird und im Lautenbacher *Café-Restaurant du Centre* die hübsche Wirtstochter Bawala Herrgott trifft, die er schließlich, nach endlosem Werben um *das hübscheste Mädchen im Blumental* (S. 117), Ende 1919 heiraten darf.

Jean Egen erzählt dann seine eigene Kindheit und Jugend: Seine ersten Jahre im *französischen Exil* in Audincourt in der Franche-Comté, allerdings auf Wunsch der Mutter in Lautenbach zur Welt gekommen. Wie schwer er sich als kleiner Elsässer im Französisch sprechenden *Mutterland* tut, wie er, gleich seiner Mutter, die Festtage in Lautenbach herbeisehnt. Schließlich wird seine Mutter krank vor Heimweh, wird in die Vogesen in Kur geschickt und die Kinder, Schangala und sein jüngerer Bruder, zu Onkel Fuchs in das Forsthaus Niederlauchen bzw. Dauvillers im hinteren Blumental. Dem Hochdeutsch sprechenden Lothringer Ludwig Fuchs sind gleich drei Kapitel dieser *Jugenderinnerungen* gewidmet, und zu Recht: Wie er für Schangala vom anfänglich gefürchteten *Menschenfresser* zum väterlichen Freund wird, wenn die beiden *Herz an Herz* (S. 242) durch den Lautenbacher Wald streifen und der deutschfreundliche Onkel dem *französischen* Neffen den Dichter Nikolaus Lenau und den Komponisten Richard Wagner nahebringt, dies muss man selbst lesen, dies kann nicht nacherzählt werden. Wie überhaupt es Jean Egen gelingt, das Herz des Lesers immer wieder zu berühren,

wenn er etwa Onkel Fuchs seine drei Waldis mit dem elsässischen Hans im Schnokeloch vergleichen lässt oder einfach nur Schangala in einen blühenden Kirschbaum klettert und seinen Geburtsort Lautenbach bewundert.

Was noch folgt, sei kurz erzählt: Schangala wird weder Priester noch Offizier, wie vom Vater gewünscht. Der Zweite Weltkrieg, den Onkel Fuchs schon zehn Jahre zuvor nach einem Ausflug zum Hartmannsweilerkopf ahnungsvoll vorhersieht, spült den inzwischen erwachsen gewordenen Schangala vom heimischen Blumental nach Paris und Vichy und in die Provence bis ins Gefängnis nach Marseille und wieder nach Paris, wo er nach Kriegsende Journalist und Schriftsteller wird.

Die letzten Gedanken des Buches gehören Onkel Fuchs. Jean Egen erinnert daran, wie er seinem verehrten Onkel eines Tages im Wald versprechen musste, dort neben seinem Grab einmal für ihn das Waldhorn zu blasen, grad so wie Lenaus *Postillion* zur Erinnerung an seinen guten Kameraden. Heute liegen Onkel und Neffe fast Grab an Grab auf dem Lautenbacher Friedhof im Elsässer Blumental, im *schönsten Tal der Welt*.

Wanderung im schönsten Tal der Welt: Von Lautenbach zum Petit Ballon und über Linthal zurück

(Mit einer Variante für sportliche Wanderer, die Petit Ballon und das Forsthaus von Onkel Fuchs verbinden können)

Charakter/Länge/Gehzeit

Eine schöne Tageswanderung über gut 900 Höhenmeter aus dem Tal auf den Gipfel und wieder ins Tal. Wenn wir die Strecke verkürzen wollen, fahren wir mit dem Auto noch ein kleines Stück die D 430 weiter bis zur Auffahrt „Petit Ballon", wo auch unser Wanderweg beginnt und lassen den Wagen dort stehen. Wenn wir bis zum Col du Boenlesgrab hochfahren auf der asphaltierten Forststraße, können wir das Auto auch oben parken und reduzieren die Wanderung ganz wesentlich. Dann steigen wir auch nach dem Gipfel des Petit Ballon wieder zum Pass ab. Dabei bietet sich eine schöne kleine Halbtages-Wanderrunde an mit Einkehr in der Ferme-Auberge Strohberg.

Markierung

Bis zum Col du Boenlesgrab rotes Kreuz auf weißem Grund, danach gelbes Rechteck, Markierung des GR 532, bis zum Gipfel. Später über den GR 532 bis zum Col du Hilsenfirst. Dort links abwärts, rot-weiß-rot markiert über Hilsen ins Tal nach Linthal.

Einkehrmöglichkeiten

Zur Mittagsrast vorgeschlagen wird die Ferme-Auberge du Rothenbrunnen am Nordfuß des Petit Ballon. Möglich wäre auch die Ferme-Auberge Strohberg, die wir etwas früher erreichen. Beim Abstieg in Richtung Linthal gelegen ist die Ferme-Auberge du Hilsen der Familie Wicky, die wie Rothenbrunnen ganzjährig geöffnet ist. Unserer Geschichte und den Genüssen des südlichen Elsass angemessen wäre nach vollbrachter Wanderleistung und genossener Lektüre ein Abendessen/Diner in schönstem Rahmen mit entsprechenden Speisen. Hier hat man, in dieser Ecke der Vogesen, die Qual der Wahl. Sehr schön sind die Weinorte Orschwihr gleich nördlich von Guebwiller oder auch weiter nördlich in Richtung Colmar das historische Städtchen Eguisheim mit seinem intakten alten Stadtkern. Auch eine Hotelübernachtung ist hier empfehlenswert.

Anfahrt

Wer über die A 5 von Karlsruhe her anreist, verlässt am besten mit der Ausfahrt Offenburg die Autobahn, um über die Pflimlinbrücke (L 98) das französische Straßennetz zu erreichen. Auf der N 83 fahren wir südwärts und kommen nördlich von Sélestat auf die A 35. Südlich von Colmar, bei der Ausfahrt/Sortie 28 queren wir in Richtung Westen (Herrlisheim), bis wir erneut auf der N 83 landen, Richtung Süden (Mulhouse). Bei Guebwiller biegen wir in Richtung Gebirge (Le Markstein) auf die D 430 ab, durchqueren das Städtchen und fahren noch wenige Kilometer weiter bis Lautenbach. Dort folgen wir dem Schild „Centre du village" und erreichen nach wenigen Metern die Dorfkirche und das „Café-Restaurant du Centre" mit einigen Parkmöglichkeiten. Von Freiburg her nutzen wir am Besten die A 5 bis Ausfahrt Bad Krozingen, dann über die B 31 Richtung Breisach und später mit Hilfe der N 415 nach Neuf-Brisach. Rasch verlassen wir wieder die Nationalstraße und fahren über die D 2 nach Süden, am Ortsausgang von Weckolsheim nach Westen und über die D 18 zur A 35, wo wir bei der Ausfahrt 28 auf die Querverbindung zur N 83 treffen (s. o.).

Wandersaison

Da gut drei Viertel der Strecke in offener Landschaft marschiert wird, ist die große Sommerhitze dem Genuss eher unzuträglich. Deshalb: Vom Frühjahr bis zum Herbst eine schöne Tour, auch im schneearmen Winter durchaus begehbar. Auf die Öffnungszeiten der Ferme-Auberges achten, die aber teilweise auch fast ganzjährig offen sind.

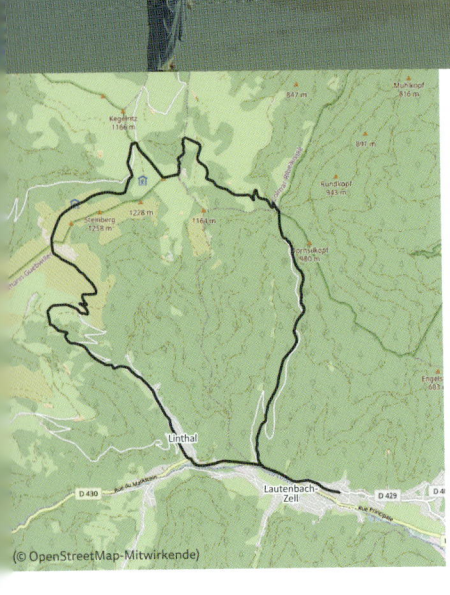

(© OpenStreetMap-Mitwirkende)

Unser Weg

Heute haben wir eine wunderschöne Tageswanderung vor uns, und dazu noch einige der reizvollsten Seiten in der elsässischen Literatur. Deshalb heißt es auch diesen Morgen: Früh aufstehen, früh anreisen und früh losgehen. Was gar nicht so einfach in die Tat umzusetzen ist, da Lautenbach schon mitten im Blumental liegt und das Blumental weit im Süden der Vogesen. Wir lassen unser Auto neben der historischen **Dorfkirche** stehen, gegenüber dem ehemaligen Café-Restaurant du Centre der Familie Herrgott. Eine Plakette erinnert an unseren Schriftsteller Jean Egen. Eigentumswohnungen sind in dem Gasthaus entstanden. Aber der Brunnen ist da, und natürlich unter dem Lindenbaum, grad so, wie ihn der Autor zur Erinnerung an seine Mutter schildert: Ihrem Schangala singt sie im französischen *Exil* das deutsche Volkslied vom *Brunnen vor dem Tore*. Er könne den Brunnen und den Lindenbaum nicht vergessen, *deren Plätschern und Rauschen ihm in die Jugend sangen ...Vor dem Haus in Lautenbach stehen sie beide ... und deshalb wird auch ihr Blick feucht, wenn sie das Lied singt.* (S. 146). Die nicht nur für Kunstinteressierte sehenswerte Kirche werden wir uns eher heute Abend ansehen, sie ist bis 19 Uhr geöffnet. Jean Egen zeigt uns den Blick vom Kirchturm nach unten, wenn er als Schangala die steile Turmtreppe hochsteigt:

Da ist der Dorfplatz, da sind die Linden, der Brunnen, das ganze Dorf duckt sich unter den glänzenden Panzer der Dächer ... Papa sagt, wenn der liebe Gott sich neige, um sein Werk zu betrachten, so ruhe sein Blick ... vornehmlich auf dem Bergdorf Lautenbach. (S. 32)

Über die zentrale Dorfstraße, an der Pharmacie vorbei, gehen wir festen Schrittes zum westlichen Dorfausgang, einige Meter an der **Départementsstraße** entlang bis auf Höhe des **Sägewerks**. Dort, vor einem grauen Kalvarienberg, wo auch die Bergstraße zum Petit Ballon anfängt, sehen wir unser erstes Wanderzeichen zum Col du Boenlesgrab und zum Petit Ballon. Der ernst blickende Christus, das rote (Wander-)Kreuz auf weißem Grund – ein Schelm, wer Böses dabei denkt. Mutig steigen wir die ersten Höhenmeter bergan. Und wirklich: Ein breiter, gut angelegter Wanderweg führt uns, ab und an die Straße kreuzend,

in guten eineinhalb Stunden zum ersten Etappenort, der **Auberge am Col du Boenlesgrab** (865 m ü. NN). Fast zu früh für eine erste Trinkeinkehr. Deshalb: Wir steigen weiter in Richtung Gipfel, entweder über den GR 532 und das Naturfreundehaus Schellimatt auf unserer Talseite. Der gelben Markierung folgend steigen wir zunächst durch lichten Mischwald, bis sich nach etwa 45 Minuten der Blick weitet und wir über die baumfreien Grashänge den **Gipfel des Petit Ballon** erreichen. Eine blauweiße Muttergottes erwartet uns oben. Wir genießen den Blick in alle Himmelsrichtungen mit dem Grand Ballon im Süden, dem Markstein im Westen, dem Münstertal und dem Hauptkamm der Vogesen im Norden sowie dem Kaiserstuhl mit Schwarzwald und Belchen im Osten. Auch die Stadt Freiburg ist gut zu erkennen. Richtung Norden steigen wir ab zur Ferme-Auberge Rothenbrunnen und erreichen diese nach weiteren 15 Minuten.

Oder, und wir haben uns dieses Mal für die zweite Variante entschieden, über die Ferme-Auberge Strohberg und von uns aus gesehen auf der anderen Bergseite und in Richtung Münstertal blickend. Wir merken rasch, dass wir mit diesem „japanischen" Abschnitt (Roter Kreis auf weißem Grund) die steinige Variante gewählt haben. Aber auch die mit der schönsten Aussicht. Nach der Ferme steigt unser Wanderweg über dem Hauptweg leicht an und verkürzt somit zwei Schleifen. Dem Zeichen „Petit Ballon" folgend, steign wir jetzt steiler durch ein Wäldchen hoch, um den Gipfel mit seiner wunderbaren Panoramaaussicht bald zu erreichen. Bei warmem Wetter ganz schön schweißtreibend.

An sommerlichen Sonntagen ruft Vater Schambadiss (der Großvater) manchmal seine Söhne zu einer Bergwanderung auf. ... Man setzt sich auf einen Felsbrocken und

Petit Ballon.

schaut gegen Westen, nach Frankreich hinüber, wie die Hebräer nach dem Gelobten Land. ... Wenn sich der Tag neigt und die Sonne die Berge vergoldet, schickt Papa einen letzten Blick hinüber in das nun rotgoldene Land .. in den Augen stehen ihm die Tränen. Da fängt auch der kleine Joseph an zu weinen. Papa drückt ihn wortlos an sich. Dann packt die kleine Schar ihre Siebensachen und steigt hinunter, schweigend schreitet man dem Elsass und der Nacht entgegen. (S. 89f.)

Ähnlich fühlen wir auch noch heute, wenn wir auf dem Gipfel des „Kleinen Belchen" stehen, allerdings mit etwas weniger elsässisch-französischem Patriotismus.

Über die Matten steigen wir zum sichtbaren Refuge du Rothenbrunnen hin ab und auf einem breiten Fußweg rechts zur Fahrstraße. Ein Stück weiter unten ist jetzt auch die Ferme-Auberge du Rothenbrunnen zu sehen, die wir entweder über die Fahrstraße oder einen schmalen Wiesenpfad erreichen. Mittagessen!!

Direkt an der Ferme steigt ein unbeschilderter Weg den Hang schräg hoch und führt uns in wenigen Minuten zum darüber führenden GR 532. Richtung Norden und Westen haben wir jetzt wieder einen herrlichen Blick auf den Kamm der Südvogesen, das Münstertal mit seinen Seitentälern und die Rheinebene. An Bockswasen vorbei erreichen wir bald den Abstieg zum gut sichtbaren Col du Hilsenfirst. Wir entschließen uns, schon an der ersten Abzweigung ins Tal hinunter zu steigen, wenn das Schild Hilsen-Ferme Wicky anzeigt. Der schmale und nur selten markierte Weg (rot-weiß-rot) führt in einem weiten Bogen ins Tal, meist auf weit offenen Weideflächen, manchmal auch durch kleine Birkenwäldchen, bis wir nach etwa einer Stunde seit dem Mittagessen die ersten Häuser der Siedlung Hilsen erreichen, die wir schon seit einiger Zeit im Blick haben. Auch auf diesem Teil des Weges haben wir eine wunderschöne Aussicht, diesmal auf den Teil der Vogesen südlich des Florival, direkt vor uns den Grand Ballon mit seiner weithin sichtbaren Radarstation, und auch auf die

Grand Ballon.

Höhen des Schwarzwaldes gegenüber auf der anderen Seite der Rheinebene. Die Familie Wicky bewohnt einen einfachen Bauernhof oberhalb der Straße und bewirtschaftet die Ferme-Auberge du Hilsen seit über 40 Jahren. Wir erstehen einen einfachen Bargkass und ein Stück Munster für zu Hause, der Patron, Monsieur Wicky, empfiehlt uns seinen Weinlieferanten, Bernard Haegelin aus Orschwihr: *Seit 30 Jahren trinken wir hier seine Weine, die Gäste mögen besonders den Edelzwicker,* fügt er hinzu. Wenn wir nicht dem Sträßchen links abwärts folgen wollen, nehmen wir den Abzweig des Wanderweges, der aber zunächst nicht einfach zu finden ist. Wir müssen das Sträßchen rechts noch etwas aufwärts steigen, bis wir den Weg erreichen. Im unteren Teil des Tales gehen wir doch auf Asphalt, durchqueren verschiedene Teile des Örtchens **Linthal** und sind in einer zusätzlichen Wanderstunde unten im Tal auf der Straße zum Markstein. Hier müssen wir uns die Straße mit den Autofahrern teilen, auf etwa einem Kilometer, am Sägewerk und dem alten Forsthaus von Lautenbach vorbei, und biegen schließlich in den Ort **Lautenbach** links ein, froh darüber, die befahrene D 430 hinter uns zu lassen.

Da wir das Forsthaus von Onkel Fuchs noch unbedingt mit eigenen Augen sehen wollen, nehmen wir unser Auto und fahren in Richtung Markstein auf besagter D 430 die 8 km bis zum Maison forestière Dauvillers.
Im Kapitel *Spiele und Gräber* finden wir eine erste Beschreibung dieses für den jungen Jean Egen so magischen Ortes:

Das Forsthaus Niederlauchen steht auf einer Waldlichtung im hintersten Winkel des Blumentals, dort wo der Berg einen Riegel vorschiebt. Eine Wand von hohen Tannen säumt die Matte. Der Bach, an dem die Hirsche trinken, fließt dort in die Lauch. Das Haus inmitten der kleinen Weide ist schneeweiß, der Garten schiebt sich etwas erhöht wie der Bug eines Schiffes vor, als wäre das Ganze im schweigenden Grün vor Anker gegangen. (S. 180)

Hier, bei Onkel Fuchs und Tante Nini, verbringen Jean und sein Bruder Pierri einige unvergessliche Wochen und erlebt Schangala eine ebensolche Nacht, in der er mit seinem Onkel Sturm und Sintflut trotzt.

Weil wir die Ruhe des Ortes nicht stören wollen, schauen wir aus einiger Entfernung und genießen Text und Geist des Ortes. Für uns ist es ein schöner, aber auch leicht schwüler Sommerabend. Das Gras liegt frisch geschnitten und fein duftend auf der Wiese. Nur eine ganze Reihe Stechmücken stören die Idylle. Nothing is perfect. Und wir denken an Onkel Fuchs, wie er, zwischen Alkohol, Poesie und Musik schwebend oder viel besser schwankend, in seinem alten Gefährt, mit den Kindern auf dem Rücksitz, hier mitten in der Nacht ankommt.

Forsthaus Dauvillers.

Variante für sportliche Wanderer, die das Forsthaus von Onkel Fuchs unbedingt zu Fuß erreichen wollen:

Während wir normalerweise am Col du Hilsenfirst oder wie oben beschrieben schon vorher über Hilsen und Linthal nach Lautenbach absteigen, gehen wir jetzt auf dem GR 532 am Kamm weiter nach Westen. Über den Col de Lauchen und die Sommervariante des Wanderweges, die aus Naturschutzgründen den Klinzkopf vermeidet, erreichen wir nach weiteren zwei Stunden den Col d'Oberlauchen. Direkt uns gegenüber liegt jetzt der Markstein mit seinen Winterpisten und Liften. Über eine herrliche Blumenwiese steigen wir ab, der gelben Markierung folgend, im zweiten Teil durch den Wald, bis wir nach einer halben Stunde den Lac de la Lauch mit seiner Natursteinmauer erreichen. Wir überqueren vorsichtig die Autostraße nach Le Markstein und achten genau auf die Wegweiser. Rechts wird der Sentier des Cascades, der Wasserfallweg, mit einem blauen Dreieck angegeben, über die Staumauer auf die andere Seeseite, links zeigt das gleiche Zeichen abwärts. Und nun? Wir steigen gleich links nach unten, über eine kleine Brücke auf die andere Bachseite und gelangen vorsichtig (Rutschgefahr!) an den Wasserfällen entlang abwärts. Nach ca. 20 Minuten stehen wir unten auf der Straße, gehen noch einige Meter am Straßenrand entlang und erblicken den Hinweis auf das Forsthaus von Dauvillers auf der anderen Bachseite inmitten einer Lichtung. Unser Wanderweg führt dann auf dieser Bachseite in etwa 1,5–2 Stunden nach Lautenbach zurück. Ein langer Tag.

Bildnachweise

Gerhard Jelinek	S. 13–15, 23, 25–29, 33–36, 38, 45, 46 (o.), 47/48, 50, 52/53, 59, 60 (o.), 62–65, 71–75, 79–83, 88/89, 91/92, 101, 104–107, 115, 117, 118 (l.), 121–123, 130–133, 135, 142, 145–147, 154, 156–161, 165, 168–170, 172/173, 176, 179–181, 183, US
Melina Lamadé	S. 10, 3
Musée de Woerth	S. 129

Wikimedia Commons (mit entsprechender Lizenzierung):
gemeinfrei: S. 8, 20, 30, 42, 54, 60 (u.), 66, 102, 108, 110, 119, 124, 138, 148
MSeses: S. 6/7; Ansgar Walk: S. 9; Frank Vincentz: S. 16; qwesy qwesy: S. 17; Dg-505: S. 18/19; RalfGB: S. 39;
S. Finner: S. 46 (u.); Metallissimus: S. 40/41, 49; Achim: S. 57; Pierre Poschadel: S. 67/68; Staatsarchiv Freiburg: S. 84;
BrianKohn: S. 85; Taxiarchos228: S. 94/95; BlackIceNRW: S. 96; Gerd Eichmann: S. 114, 116; Thomoesch: S. 118 (r.);
Vassil: S. 136/137; Raphodon: S. 144; Zoop67: S. 150; GuyFrancis: S. 174

Hotel Residence De L'Etang Du Devin.

Literaturverzeichnis

Tour 1

Hermann Hesse, Die Verlobung und Die Heimkehr, in: ders., Gesammelte Werke 3, Frankfurt 1970.

Herbert Schnierle-Lutz, Auf Hermann Hesses Spuren, Neckartenzlingen 1999.

Tour 2

Jürg Arnold, W. Ganzhorn, Sindelfingen 1969.

Hubert Mahle, Das stille Tal – „Im schönsten Wiesengrunde", Neuenbürg 2009.

Tour 3

Wilhelm Hauff, Sämtliche Märchen, Stuttgart 1986.

Johannes Schweikle, Westwegs, Tübingen 2012.

Tour 4

Bertolt Brecht, Die unwürdige Greisin, in: ders., Gesammelte Werke 11, Werkausgabe Edition Suhrkamp, Frankfurt 1967.

Walter Brecht, Unser Leben in Augsburg damals, Frankfurt 1984.

Götz Bubenhofer, Unter dem breiten Dach des Hauses am Markte – Bert Brecht und seine Beziehungen zu Achern.

Johannes Werner, Brechts ‚unwürdige Greisin' in Achern, SPUREN 78, Marbach 2007.

Tour 5

Hans Jacob Christoffel von Grimmelshausen, Der abenteuerliche Simplicissimus Deutsch. Aus dem Deutschen des 17. Jahrhunderts und mit einem Nachwort von Reinhard Kaiser, Frankfurt 2009.

Heiner Boehncke / Hans Sarkowicz, Grimmelshausen, Berlin 2018.

Anita Wiegele, Der Weg des Simplicissimus vom Mummelsee zu seinem Bauernhof und weitere lokale Bezüge, SIMPLICIANA – Grimmelshausen-Gesellschaft XLI 2019.

Dieter Martin, Grimmelshausen und der Mummelsee, SPUREN 89, 2010.

Tour 6

Heinrich Hansjakob, Der Vogt auf Mühlstein, Haslach 2006.

Tour 7

Thomas Strittmatter, Viehjud Levi, Zürich 2000.

Volker Michel, Thomas Strittmatter und St. Georgen im Schwarzwald, SPUREN 56, 2001.

Tour 8

Marie Luise Kaschnitz, Beschreibung eines Dorfes, Frankfurt 2009.

Petra Neumann, Marie Luise Kaschnitz und Bollschweil, SPUREN 14, Marbach 1998.

Johannes Werner, Marie Luise Kaschnitz und Karlsruhe, SPUREN 54, Marbach 2001.

Tour 9

Rolf Hochhuth, Eine Liebe in Deutschland, Reinbek bei Hamburg 1978.

Johann Peter Hebel, Die Vergänglichkeit, in: Werke in drei Bänden, Basel 1958, erster Band, S. 118–123.

Tour 10

J. W. Goethe: Sämtliche Werke 1.1: Der junge Goethe 1757–1775, Münchner Ausgabe, hg. von G. Sauder München 1985.

J. W. Goethe Dichtung und Wahrheit, hg. von K.-D.Müller, Frankfurt 2007.

Gedichte fürs Gedächtnis, hg. von Ulla Hahn, Stuttgart 2005.

Sigrid Damm, Vögel die verkünden Land – Das Leben des Jakob Michael Reinhold Lenz, Frankfurt am Main 1992.

Tour 11

Rimbaud, Poésies complètes, Le livre de Poche, Paris 1963.

Max Schneckenburger, Die Wacht am Rhein, www.stefanjakob.de.

L. Sadoul, Führer durch das Schlachtfeld von Woerth, Metz 1909.

Tour 12

Adelbert von Chamisso, Das Riesenspielzeug, www.projekt-gutenberg.org.

Tour 13

Büchner, Lenz, auf: www.projekt.gutenberg.de.

Ruth und Anne Mariotte, Wandern in Elsass und Vogesen, Ostfildern 2010.

Passion Vosges, La Haute-Bruche – Grandeur nature, Straßburg 2010.

Sigrid Damm, Vögel die verkünden Land – Das Leben des Jakob Michael Reinhold Lenz, Frankfurt am Main 1992.

Universität Hannover – Seminar für Deutsche Literatur und Sprache: So lebte er hin – Symbiose von
Literatur und Psychoanalyse: Georg Büchner: Lenz, auf: www.lothar-veit.de/lektuere/buechner.pdf.

Wilhelm Müller, Winterreise in: www.literaturwelt.com.

Tour 14

Gabriel Chevallier, La Peur, Le Livre de Poche, Paris 2008.

Gabriel Chevallier, Heldenangst, München 2010.

Tour 15

Jean Egen, Die Linden von Lautenbach, Reinbeck bei Hamburg 1986.

Dieter Balle

„Komm! ins Offene, Freund!"

Unterwegs mit Friedrich Hölderlin im deutschen Südwesten

Kaum einer unserer großen Dichter hat solch ein tragisches Lebensschicksal vorzuweisen wie der in Lauffen a. N. geborene Friedrich Hölderlin (1770–1843). 36 gesunden Jahren, in denen er mit faszinierenden Gedichten, Oden und Elegien in den Dichterolymp aufstieg, folgten 36 Jahre im Tübinger Turm in „geistiger Umnachtung", wie Zeitgenossen seinen Zustand beschrieben. Doch zeitlebens war er ein passionierter, um nicht zu sagen begeisterter Wanderer und „Freigänger", der die meisten seiner Reisen zu Fuß zurücklegte, bis zu 50 Kilometer am Tag. Die Natur war Inspiration für seine Dichtkunst und Lebenselixier zugleich.

Wir folgen auf Schusters Rappen und mit dem Drahtesel den Spuren des tragischen Dichters an die Stätten seiner Kindheit und Jugend in Lauffen, Nürtingen, Denkendorf und Maulbronn. Wir wandern auf seinen Wegen von Frankfurt, wo er auf seine große, aber unglückliche Liebe Suzette Gontard traf, nach Homburg v. d. H. Ergänzend gibt es in Portraits und Themenblöcken Wissenswertes über Menschen und Ereignisse, die eine wichtige Rolle im Leben Hölderlins gespielt haben.

160 Seiten mit 164 farbigen Abb. sowie 14 Landkarten, handliches Taschenformat, Broschur.
ISBN 978-3-95505-074-0. € 14,90.

Margaret Ruthmann

Burgenwandern Vogesen

26 Rundwege zu spannenden Ruinen

Burgen erwandern, Geschichte entdecken, zünftig einkehren – das ist das Erfolgsrezept der Burgenliebhaberin Margaret Ruthmann, die mit diesem Band in das einzigartige Reich der über 400 Ruinen und Burgen in die Vogesen einlädt. Nirgendwo sonst in Europa gibt es derart viele Ruinen wie im Elsass, das als staufisches Reichsland Kernland des Mittelalters war. Heute sind Ruinen wie Lützelstein, Klein und Groß Geroldseck, die Ortenburg oder das National-denkmal Hohkönigsburg Anziehungspunkte für Ausflügler und warten darauf, erkundet zu werden. Daneben dürfen sich Wanderer auf eine besonders reiz-volle Landschaft mit herrlichen Blicken in die Bergwelt, auf die Rheinebene und auf zauberhafte, malerische Orte zu Füßen der Vogesen freuen.

128 Seiten mit 90 farbigen Abb. sowie zahlreichen Karten, handliches Taschenformat, Broschur.
ISBN 978-3-95505-998-9. € 18,00.

Michael Erle

Wandern im Ortenaukreis

Die 34 schönsten Touren

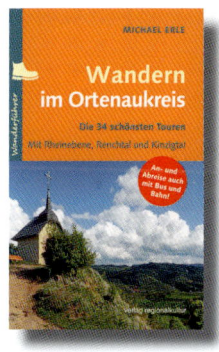

Von der fruchtbaren Rheinebene über die sonnenverwöhnten Rebhänge
bis hin zu den Höhenlagen des Schwarzwalds – die Ortenau besticht
durch ihre vielseitige Natur- und Kulturlandschaft, in der es sich herrlich
wandern lässt. Bei über 1700 Sonnenstunden im Jahr lohnt sich zu jeder
Jahreszeit ein Ausflug in den größten Landkreis Baden-Württembergs –
ganz gleich, ob Sie auf der Suche nach Erholung, Genuss oder Abenteuer
sind, ob Sie die kleine Spazierrunde oder die ambitionierte Wandertour
bevorzugen.

Neben einem gut ausgebauten Wanderwegenetz locken unzählige kul-
turelle und kulinarische Highlights, eine unverwechselbare Sagenwelt, weltbekannte Trachten, traditio-
nelles wie modernes Kunsthandwerk, exzellente Weine und nicht zuletzt die legendäre Schwarzwälder
Kirschtorte.

176 Seiten mit 141 Farbabbildungen, 34 Tourenkarten, 1 Übersichtskarte, Klappenbroschur.
ISBN 978-3-95505-321-5. € 17,90.

Dieter Buck

Zwischen Schwarzwald, Rhein und Reben

Die 25 schönsten Wanderungen im Landkreis Rastatt

»Urlaub und Freizeit zwischen Schwarzwald, Rhein und Reben«, so macht
der Landkreis Rastatt auf seine landschaftlichen Reize und sein herrliches
Wandergebiet aufmerksam – völlig zu Recht! Das Schöne am Landkreis
Rastatt sind seine Vielseitigkeit und die Nähe verschiedenster Vegetations-
formen: Zwischen den fast dschungelartigen Altrheinarmen über die
Weinberge an den klimatisch begünstigten Schwarzwaldhängen bis hin zu
den Höhen des Nordschwarzwalds mit seinen Mooren und Seen finden wir
sowohl liebliche Landschaften als auch karge Wildnis – für Abwechslung
ist also mehr als gesorgt und es findet sich für jede Jahreszeit immer eine
geeignete Wandertour.

160 Seiten mit 162 farbigen Abb., Karten und Fotografien, Klappenbroschur.
ISBN 978-3-95505-268-3. € 16,90.

Impressum

Bibliographische Information der Deutschen Bibliothek:
Die Deutsche Bibliothek verzeichnet diese Publikation in der Deutschen Nationalbibliographie; detaillierte Daten sind im Internet über http://dnb.de abrufbar.

Titel:	Wege zur Literatur
Untertitel:	15 Wanderungen in Geschichten der Literatur zwischen Schwarzwald und Vogesen
Herstellung:	**verlag regionalkultur (vr)**
Autor:	Gerhard Jelinek
Layout/Satz:	Melina Lamadé (vr)
Umschlaggestaltung:	Melina Lamadé, Charmaine Wagenblaß (vr)
Endkorrektorat:	Michael Kohler (vr)
Kartengrundlage:	www.openstreetmap.org

Alle Angaben ohne Gewähr.

ISBN: 978-3-95505-384-0

verlag regionalkultur
Ubstadt-Weiher · Heidelberg · Speyer · Stuttgart · Basel
Verlag Regionalkultur GmbH & Co. KG

Korrespondenzadresse:
Bahnhofstraße 2 · 76698 Ubstadt-Weiher · Telefon 07251 36703-0 · Telefax 36703-29
E-Mail kontakt@verlag-regionalkultur.de · Internet www.verlag-regionalkultur.de